잡학다식한 경제학자의
프랑스 탐방기

잡학다식한 경제학자의
프랑스 탐방기

아들이 묻고 경제학자 아빠가 답하는 아주 특별한 수업

홍춘욱 지음

에이지21

Contents

추천의 글

키움증권 이코노미스트, 홍춘욱 박사의 새로운 책 "잡학다식한 경제학자의 프랑스 탐방기" 발간을 축하합니다. 한 달에 수십 번의 세미나와 지방 출장으로 눈코 뜰 새 없이 바쁜 것을 잘 아는데, 언제 짬을 내어 책을 썼는지 놀랍기만 합니다.

특히 책의 내용도 흥미로웠습니다. 저는 경제 관련 책인 줄 알았는데 프랑스 등 유럽의 역사, 경제, 음식, 문화 등을 두루 다룬 책이라 아주 술술 읽히더군요.

지난 2016년 영국이 유럽연합을 이탈하는, 이른바 '브렉시트'가 발생한 원인이 이민자의 급격한 유입이 유발한 불평등 문제에 있다는 설명도 흥미로웠습니다. 나아가 이주민의 자녀들이 차별과 냉대 속에서 이른바 '학습된 무기력'에 빠져든다는 대목은 남의 일처럼 느껴지지 않았습니다. 한국 사회도 점점 외국인 노동자가 늘어나고 다문화 가정도 증가하는 추세인데, 잘못하다가는 프랑스와 영국이 겪은 아픔을 되풀이할 수 있겠다 싶어 지금부터라도 함께 고민해야 할 부분인 것 같습니다.

외국인 유입과 같은 무거운 주제만 다룬 책은 아닙니다. 왜 영국을 비롯한 유럽의 나라들이 동양의 나라에 비해 더 빨리 산업화에 성공했는지 다룬 부분도 흥미로웠습니다. 통일 국가가 계속 유지되는 동아시아와 달리 높은 산과 넓은 강으로 나뉜 유럽에 로마 이후 거대 제국이 출현하지 못했던 것이 큰 차이를 유발한 요인이라는 설명에 무릎을 쳤던 것 같습니다.

저도 업무상 여러 차례 유럽을 다녀왔지만, 나라마다 비슷한 듯하면서도 참 다르다는 생각을 했었는데 그 이유를 이해할 수 있었습니다. 비슷비슷한 규모의 나라가 서로 치열하게 경쟁하다 보니 전쟁도 잦았지만, 대신 '고귀한 혈통' 하나만 가진 무능한 왕조가 버틸 수 없는 구조가 만들어진 것이죠.

이상과 같은 유럽의 환경은 저희 키움증권의 경험과 많은 면에서 오버랩됩니다. 2000년 키움증권 설립 이전 한국 주식시장은 오프라인 거래가 일반적이었고 수수료 수준도 비슷했습니다. 그러나 키움증권이 출범한 다음 주식시장에 큰 변화가 시작되었습니다. 증권사들이 온라인 주식 거래 수수료를 내렸고, PC뿐만 아니라 핸드폰에서도 주식 거래를 할 수 있게 되었습니다. 누가 더 안정적으로 전산 시스템을 만들고 유지하는지, 나아가 소비자의 니즈에 부응하는가에 따라 얼마든지 1위 기업이 될 수 있는 환경이 출현한 겁니다. 물론 아직도 갈 길이 멉니다. 그렇지만 점점 경쟁이 치열해지고, 또 체면 차리지 않고 적극적으로 경쟁력을 강화하는 기업이 출현하는 만큼 한국에서도 세계적인 증권사가 속속 출현하리라 기대해 봅니다.

추천사를 쓰다 말고 주제가 다른 데로 샜군요. 제 아들은 이미 직장생활을 하면서 잘 지내고 있습니다만, 홍춘욱 박사 부자처럼 어릴 때 함께 여행하면서 다양한 주제로 이야기를 나눴으면 얼마나 좋았을까 하는 생각이 들었습니다. 아무쪼록 많은 부모님과 자녀가 이 책을 읽으면서 다양한 지식을 얻는 한편, 유럽에서 닥친 문제들이 한국에 언제 또 어떤 방향으로 나타나게 될지 이야기 나눌 수 있기를 희망합니다.

2018년 5월, 키움증권 대표이사 이현

시작하며

유럽행 비행기에서 읽기 좋은 프랑스 이야기

2015년 말 예전 직장을 그만두고 큰아들 채훈이와 프랑스 일주 여행을 계획하면서 많은 역사책을 읽었습니다. 윌리엄 맥닐 교수의 명저 〈전쟁의 세계사〉, 시오노 나나미의 〈로마 멸망 이후의 지중해 세계〉 등 족히 수십 권은 되는 것 같습니다. 그러나 지금의 유럽이 어떻게 이런 모습이 되었는지, 나아가 반反 이민이나 유럽연합 탈퇴와 같은 정치사회적 변화가 나타난 이유를 설명한 책은 찾기 어렵더군요.

호기심 넘치는 중학교 2학년 아들은 여행 내내 폭풍 같은 질문을 던졌습니다. 웬 호기심이 그렇게 많은지 아빠 노릇하기 힘들더군요. 프랑스 남부의 프로방스 마을은 왜 산속에 위치하는지, 미쉐린 가이드에 실리는 맛집들이 왜 그곳에 존재하는지, 퐁 뒤 가르(프로방스에 남아 있는 거대한 로마시대 수도교 유적)는 어떤 목적으로 또 언제 지어졌는지, 파리 명품 가게의 유리창을 닦는 사람은 왜 전부 유색 인종인지 물어댔죠.

당시는 만족스럽게 말하지 못했던 이 질문에 답하기 위해 여행을 다녀온 뒤 꾸준히 책을 읽고 조사했습니다. 물론 페이스북, 네이버 블로그, 티스토리의 고수들에게도 도움을 받았죠. 그 덕택에 10여 개의 주제를 골라 글을 쓸 수 있었습니다. 채훈이의 질문이 없었다면 아마 이 책은 나오지 않았을 겁니다. 그래서 아들과 함께 쓴 책이라고 할 수 있습니다.

물론 이 책 한 권 읽는다고 유럽, 특히 프랑스에 대한 여러 궁금증이 말끔히 해소되지는 않을 겁니다. 그러나 대략적인 이해의 틀을 짜는 데는 조금이나마 도움을 받을 수 있으리라 생각합니다. 부모가 자녀에게 유럽이 어떻게 형성되었고, 또 한국을 비롯한 아시아의 여러 나라와 어떻게 다른 경로를 걷게 되었는지 이야기를 나누는 출발점으로는 나쁘지 않은 책이 되리라 기대해 봅니다.

이제 본격적으로 출발해 보겠습니다.

첫 번째 이야기

나는 왜 아들과 단둘이 프랑스로 떠났나?

"나는 이코노미스트입니다.
이코노미스트란 경제를 분석한 다음
금리나 환율 같은
핵심적인 금융시장의 지표를
예측하는 일을 하는 사람입니다."

저는 경력 25년차 이코노미스트입니다. 1993년 금융연구원에서 리서치 보조로 직장 생활을 시작했죠. 이코노미스트란 경제를 분석한 다음 금리나 환율 같은 핵심적인 금융시장의 지표를 예측하는 일을 하는 사람입니다. 물론 예측은 잘 들어맞지 않습니다만, 언젠가는 정확한 예측을 할 것이라는 희망으로 스스로를 채찍질합니다.

금융연구원을 그만둔 다음에는 자산운용사와 증권사, 은행과 연기금 등 다양한 직장을 다녔습니다. 회사를 여러 번 옮겼기 때문에 이제는 어떤 직장이 저에게 맞는지 어느 정도 압니다. 개인적인 행복으로만 생각하면 금융연구원이 가장 좋았습니다. 상사의 지시 사항만 이행하면 자료실에서 세계의 석학들이 쓴 논문을 마음 편히 읽을 수 있고, 또 연애할 시간도 충분히 뺄 수 있었거든요. 이때 아내를 만나 지금까지 잘살고 있습니다. 금융연구원을 그만둔 다음에는 여의도 금융회사에서 10년 넘게 일하다 국민연금으로 옮겼습니다.

국민연금에 지원한 이유는 두 가지입니다.

하나는 세계적인 연금에서 자금을 배분하고 투자함으로써 많은 것을 배울 수 있겠다는 기대감이었고, 다른 하나는 개인 시간을 가지고 싶은 욕심 때문이었습니다. 2009년 둘째아들 우진이가 태어나 귀여운 짓을 하는데, 일이 너무 많아 얼굴 볼 틈이 없었거든요. 업무도 많았을 뿐더러 저녁 약속이랑 지방 출장이 잦았습니다.

사실 저처럼 개인의 능력으로 먹고사는 직업이라는 게 대충 비슷합니다. 연봉은 상위권이지만 시간당 임금은 그렇게 높지 않습니다. '생산성을 높여 일하는 시간을 줄이면 되지 않냐'고 반문하는 사람도 있겠지만, 이게 기계화(?)가 이뤄지기 어려운 부분입니다. 흔히들 '암묵지'라고 부르는, 일종의 노하우에 의지하는 부분이 많거든요. 블룸버그나 로이터 같은 글로벌 데이터베이스 회사가 제공하는 데이터는 누구나 이용할 수 있지만, 이를 이용해서 경제와 금융시장의 미래를 예측하는 일은 전혀 다릅니다.

날마다 쏟아지는 뉴스를 따라잡아야 하는데다 고객의 관심이 수시로 바뀌거든요. 게다가 금융시장에서 투자자와 트레이더 사이에 오가는 대화도 주목해야 합니다. 결국 경제는 심리로 움직이기에 투자자가 어떤 생각으로, 어떤 주제로 대화하는지 파악하는 게 필수입니다. 따라서 이코노미스트는 쉴 틈이 없습니다. 하루를 놀면 이틀 이상 노력해야 시장을 따라잡을 수 있고, 일주일을 놀면 2주는 죽어라 일해야 합니다. 그러다 보니 다람쥐 쳇바퀴 돌듯 끊임없이 시간을 투자해야 하죠. 물론 시간이 지날수록 능률은

올라갑니다만 한계에 부딪히고 늘 지쳐 있는 상태가 됩니다. 그래서 아이들과 여행하는 게 늘 큰 소망이었습니다.

국민연금으로 옮긴 뒤 연봉이 깎이고, 강의나 책을 쓰는 등의 대외 활동도 어려워져 생활은 예전보다 궁핍해졌습니다. 그러나 생활에 여유가 생겨 행복한 나날을 보냈습니다만 이런 생활도 오래가지 못했습니다. 윗분이 바뀌면서 근무 환경이 180도 바뀌었거든요. 공무원 조직은 외부 경쟁이 심하지 않는 대신 상사를 잘 만나야 합니다.

새로 온 상사는 매우 부지런한 분이었습니다. 정해진 출근 시간보다 훨씬 일찍 나오는 것은 물론 쉬는 날에도 끊임없이 전화기가 울렸죠. 따스한 봄날 오랜만에 아들 둘을 데리고 야트막한 산을 오르고 있는데 계속 전화벨이 울리는 게 아니겠습니까. 핸드폰을 꺼내 확인하는데 세상에 부재중 통화가 7통이나 와 있더군요. 급한 일이 생겼으니 당장 회사로 나오라는 겁니다.

어쩌나요. 급하게 산을 내려와서 회사로 출근했습니다. 상사는 금요일 미국 주식시장이 약세를 보인 이유가 궁금했던 모양입니다. 저녁 무렵까지 보고서를 작성하고 집으로 돌아오니 아이들이 걱정스런 눈으로 저를 쳐다봅니다. 얼마나 놀랐겠어요? 아빠가 전화를 받자마자 부리나케 회사로 달려갔으니 말입니다.

이게 끝이 아니었습니다. 휴일 출근이 잦아졌죠. 생산직 근로자들이야 휴일 근무하면 초과 근무수당이라도 받지, 저 같은 사무직은 1원 한 푼 나오는 게 없습니다. 그래서 힘들게 들어간 직장을 그만두었습니다. 아이들과 더 많은 시간을 보내기 위해 옮겼다가 오히려 시간 내기가 더 힘들어졌으니까요.

회사를 그만두고 제일 먼저 유럽행 항공권 2장을 예매했습니다. 오래전부터 파리를 비롯한 프랑스 전역을 돌아보고도 싶었고, 그동안 사춘기를 맞이한 큰아들 채훈이와의 사이가 서먹해져 있었기 때문입니다. 그래서 16박 18일 일정으로 둘만의 프랑스 여행을 통해 관계 복원(?)을 도모하고자 했죠. 여행지로 프랑스를 결정한 이유는 친구들이 두루 살고 있기도 해서 도움을 받을 수 있고, 또 문화유산으로 가득한 곳에서 '그랜드 투어'를 하기로 마음먹었기 때문입니다.

그랜드 투어란 18세기 유럽에서 청년들이 교육의 일환으로 프랑스와 이탈리아 등을 여행하던 관행을 일컫는 말입니다. 종교 분쟁과 내전이 진정되어 사회가 안정되자 영국의 상류층은 자식을 유럽 대륙, 특히 프랑스와 이탈리아로 보내 세련된 취향과 외국어를 배워 오게 했습니다. 이러한 유행은 곧 유럽 전역으로 퍼져 나갔고 귀족뿐 아니라 토머스 홉스, 애덤 스미스, 볼테르, 괴테 등 많은 지성인이 동참하면서 '엘리트 교육의 최종 단계'처럼 여겨졌죠.

특히 17세기의 베스트셀러였던 제임스 호웰James Howell의 〈해외여행 지침Instructions for Foreign Travel〉에는 다음의 구절이 있습니다.

> "섬나라 사람에게는 특히나 해외여행이 필요하다. 왜냐하면 그들은 세상 다른 나라와 단절되어 있기 때문에 다른 사회가 어떻게 돌아가는지, 무슨 장점을 가지고 있는지 알 길이 없다. (중략) 그래서 더욱 발달한 다른 나라 사람과 교류하면서 문명이 발생하고 세련되어지는 과정, 그것을 가능하게 한 학문과 지혜를 알아야 한다."[1]

사실 휴전선 때문에 육지로 다른 나라 갈 길이 막힌 우리 한국 사람에게도 딱 들어맞는 이야기가 아닐까 싶습니다.

왜 한국 사람이 그 먼 유럽으로 몰려가 박물관과 미술관에서 많은 시간을 보낼까요? 이유는 분명합니다. 17세기 영국인이 그랜드 투어에 몰두했던 것처럼 우리보다 앞선 문화 선진국을 통해 배우고 스스로를 돌아보기 위함일 것입니다. 예전의 여행이 '나는 프랑스를 가봤다'는 자랑을 위한 것이었다면, 최근 들어 여행의 목적이 '배움'을 위한 것으로 바뀌고 있다고 봐도 되겠죠.

마음 편하게 가면 되지 여행 가서 공부까지 할 게 뭐 있냐고 반문하는 사람도 있을 겁니다. 그러나 '아는 만큼 보인다'는 유홍준 교수의 주장처럼 공부를 조금이라도 하고 가면 더 많은 것을 느끼고 올 수 있는 것 아니겠습니까. 특히 그 나라의 환경과 문화, 경제 특징을 이해하고 가면 더 오래 기억도 나고, 또 아이들에게는 영원히 잊지 못할 추억을 남겨줄 수 있으리라 생각합니다.

그래서 아들을 데리고 파리에서 시작해 남쪽의 모나코까지 다양한 지역을 볼 수 있도록 일정을 짰습니다. 물론 주된 포인트는 박물관과 미술관, 역사 유적지였습니다. 파리에서는 루브르 박물관과 오랑쥬리 미술관 등이, 아비뇽에서는 프랑스 교황청 유적과 아비뇽 다리, 프로방스 지방에서는 아름다운 성곽 도시를 둘러보는 일정이었습니다. 프랑스의 최남단 모나코에서는 오랜 친구를 만난 후 파리로 돌아와 경제개발협력기구OECD에서 근무하는 친구와 페이스북에서 친구가 된 대학원생에게 신세를 진 다음 서울로 돌아왔습니다.

직장을 옮기지 않았다면 엄두도 낼 수 없는 일정이었죠. 지금 생각해도 참 잘한 것 같습니다. 매일 2만 보 이상 걸으며 파리를 비롯한 주요 도시의 구석구석을 관찰했던 것. 그리고 채훈이와 끊임없이 대화하면서 이 책에 쓴 다양한 주제를 다룬 것. 특히 파리와 모나코에 살고 있는 친구를 만나면서 유럽이라는 새로운 세상이 어떤 식으로 돌아가는지 깨우친 것은 큰 자산으로 남았습니다.

이제 본격적으로 이야기를 펼쳐 보겠습니다.

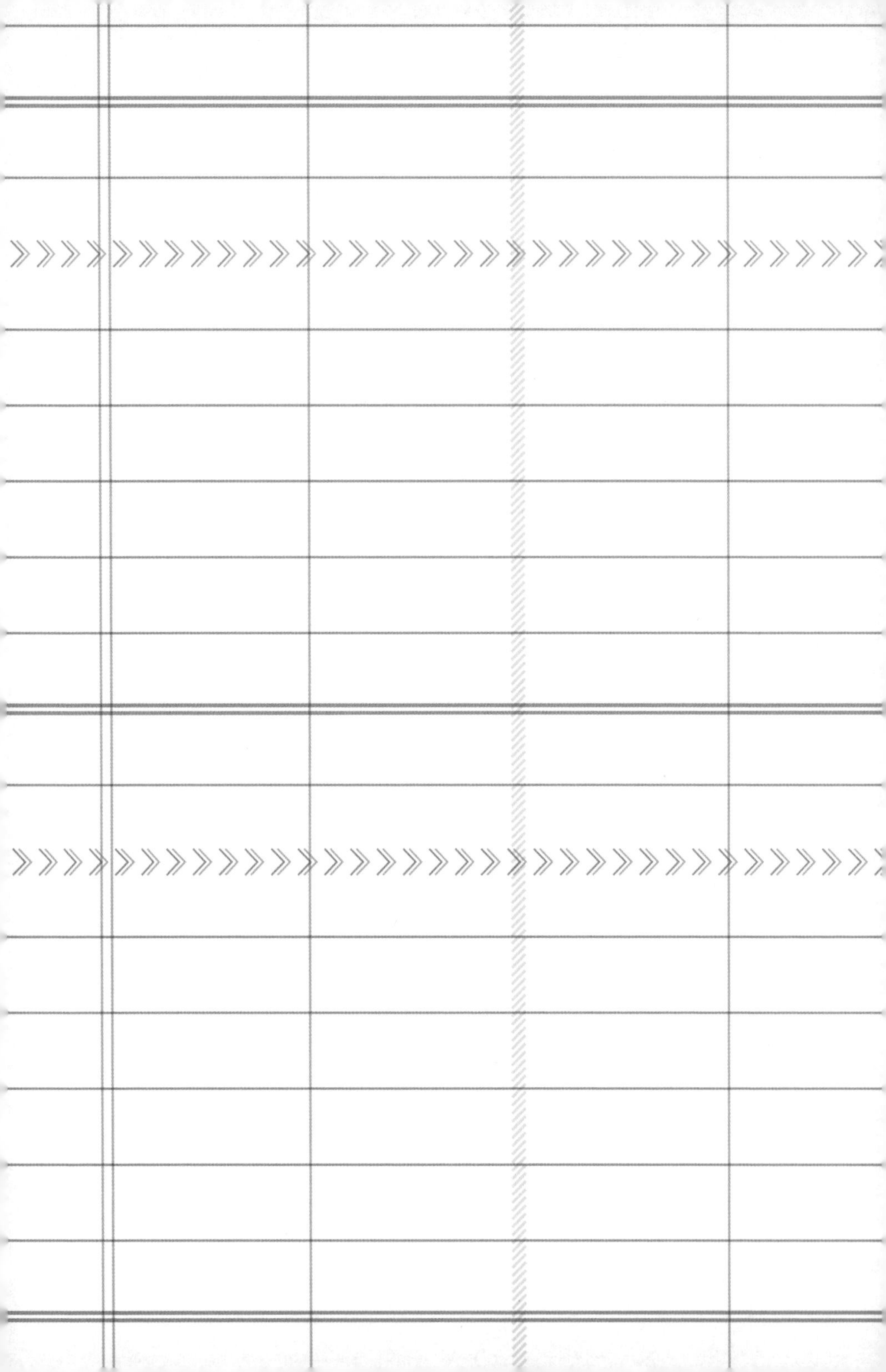

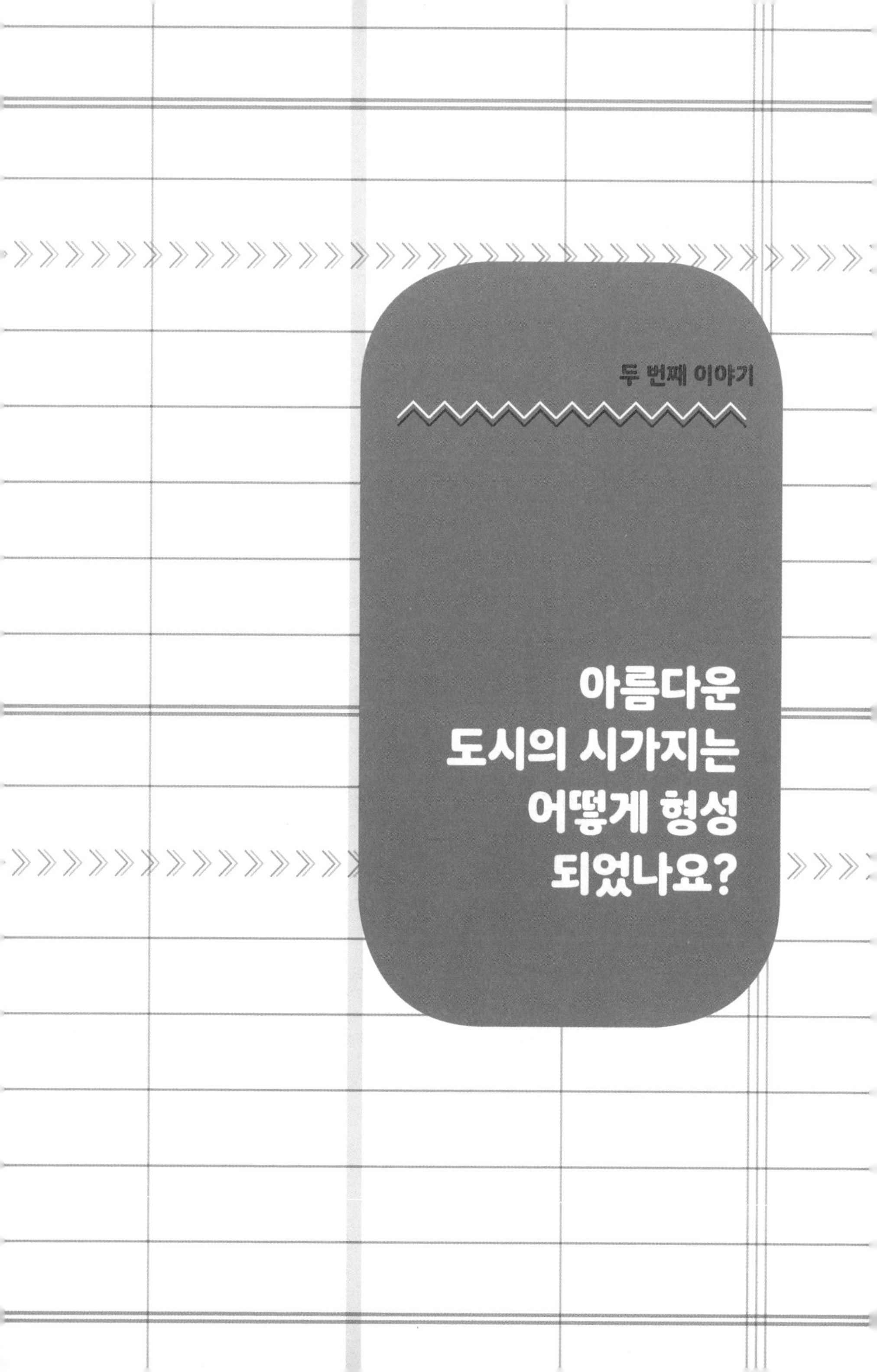

두 번째 이야기

아름다운 도시의 시가지는 어떻게 형성되었나요?

"아빠! 궁금한 게 있어요.
파리의 야경은 너무 멋진데,
에펠탑 말고 다른 높은 건물이나
기념물이 눈에 띄지 않는 게
이상해요. 왜죠?"

밤늦게 파리에 도착해 숙소로 이동하던 중에 채훈이가 묻습니다.

"아빠! 궁금한 게 있어요. 파리의 야경은 너무 멋진데, 에펠탑 말고 다른 높은 건물이나 기념물이 눈에 띄지 않는 게 이상해요. 왜죠?"

흥미로운 질문입니다. 왜 파리에는 높은 건물이 없을까요? 당시에는 뚜렷한 답을 내놓지 못하다가 저도 이게 궁금해서 여행을 다녀온 다음 여러 책을 뒤져보았는데, 하버드 대학의 에드워드 글레이저 교수의 재미있는 책 〈도시의 승리〉에 그 이유가 설명되어 있었습니다.

나폴레옹 3세 때 이뤄진 대규모 도시 계획 때문이더군요. 나폴레옹 3세는 전쟁의 명수인 나폴레옹 보나파르트의 조카입니다. 민주 선거에서 대통령으로 선출된 후 쿠데타를 일으켜 왕위에 올랐죠.

나폴레옹 3세는 자신의 뜻을 잘 아는 오스만 남작에게 파리 재개발을 맡겼습니다. 그는 가난한 시민이 살던 곳을 헐고 지금의 넓은 대로를 만들어 파리를 신흥 상류 도시로 만들었습니다. 당시 파리에도 고도 제한은 있었습니다. 그는 파리의 고도를 종전 16미터에서 19미터로 올렸는데, 엘리베이터가 없던 시절이라 높은 건물의 경우 계단을 오르내려야 하는 불편함이 있었습니다. 따라서 낮은 건물이 많을 수밖에 없었고, 높은 건물의 꼭대기 층은 가격이 싸서 배고픈 예술가 등 가난한 사람이 살아야 했죠. 당시 이 재개발 사업에 무려 25억 달러를 썼는데, 1851년 파리 예산의 24배에 달하는 금액이었습니다.[2]

파리의 스카이라인이 19세기 말에야 비로소 형성되었다는 사실을 알고 얼마나 흥미롭던지!

그럼 나폴레옹 3세는 왜 도시를 이렇게 대대적으로 재개발했을까요? 물론 영국이나 독일 등 다른 경쟁국에 비해 월등하게 아름다운 도시를 만들고 싶은 호승심이 영향을 미쳤겠지만 두 가지 실질적인 이유가 있었습니다.

첫째는 바로 혁명의 바리케이드를 쳐부수기 위함이었습니다. 지금은 전혀 그 모습을 떠올리기 힘들지만 파리는 '혁명의 도시'였습니다. 1789년 무장한 파리 시민이 바스티유 감옥을 함락시키며 프랑스 대혁명이 시작되었고, 프랑스 대혁명 이후에도 몇 차례나 혁명이 일어났습니다.

대표적인 사례가 1832년 영화 〈레미제라블〉의 배경이 되는 혁명입니다. 좁디좁은 파리의 골목 사이에 가득하게 가재도구를 쌓아둔 다음 머스킷musket 소총을 들고 왕당파와 맞서 싸우던 마리우스와 앙졸라의 모습이 떠오르지 않습니까. 그런데 여기서 궁

| 에밀 바야르의 삽화(1862년)
레미제라블의 빗질하는 어린 코제트

금증이 생깁니다. 아니 시민이 어떻게 총을 들고 정부군과 맞서 싸울 수 있지?

해답은 1800년대의 주된 무기였던 머스킷 소총의 특성에 있었습니다. 영화 〈삼총사〉의 주인공인 달타냥의 직업은 국왕 직속의 머스킷 소총부대원이었습니다. 삼총사의 불어 제목이 'Les Trois Mousquetaires'인데, 바로 머스킷에서 나온 이름임을 알 수 있죠. 머스킷 소총은 총대 안에 강선(rifle, 파이프처럼 생긴 긴 총대 안에 새겨진 홈으로 강선이 있어야 총탄이 회전하며 더 멀리 직진함)이 새겨져 있지 않은, 탄약을 총구에 집어넣는 식의 총을 뜻합니다. 당연히 총을 쏘는 데 많은 시간이 걸릴 뿐 아니라 명중률도 매우 낮았죠. 따라서 바리케이드를 앞에 두고 싸우는 정부군과 혁명군 사이에는 별다른 군사력의 차이가 없었다고 볼 수 있습니다.

이 머스킷 소총의 재장전에 시간이 오래 걸리는 이유는 아래 〈그림〉을 보면 바로 알 수 있어요. 먼저 당시 탄약은 요즘처럼 금

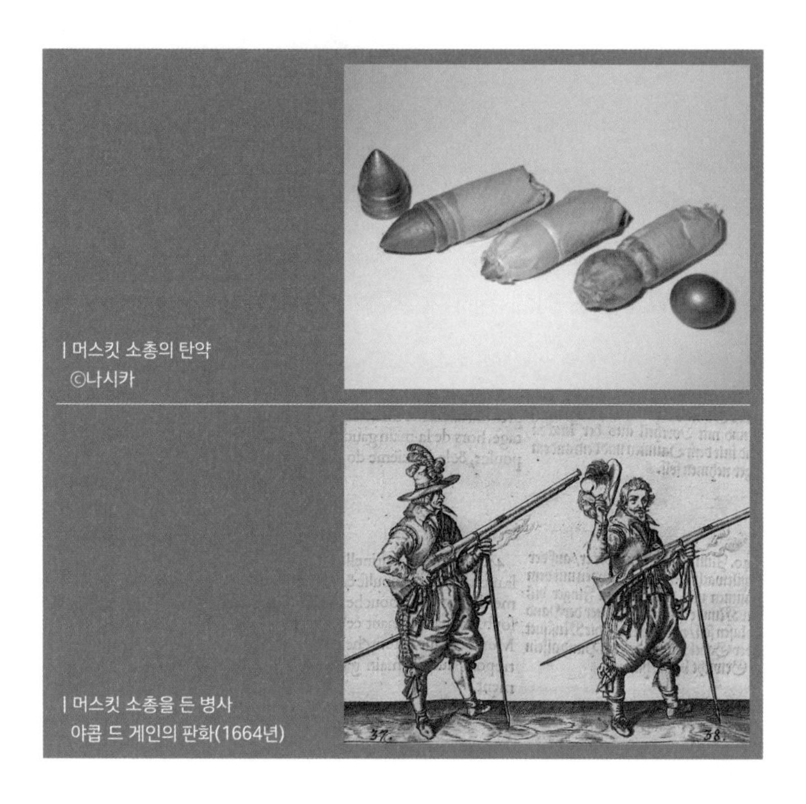

| 머스킷 소총의 탄약
©나시카

| 머스킷 소총을 든 병사
야콥 드 게인의 판화(1664년)

속제 탄피에 무연 화약과 뇌관이 일체화되어 있는 단단한 물건이 아니었습니다.

총알은 납으로 된 둥근 공 모양이었고, 납으로 된 공과 화약을 결합시키는 건 종이였습니다. 총알의 제조 방법은 간단했습니다. 종이를 담배처럼 긴 원통형으로 말고, 한쪽을 접착제나 실로 묶은 뒤 열린 쪽으로 1회 발사에 적당한 화약을 부어넣고, 그 위에 총알을 넣어 열린 끝을 실로 묶습니다. 마지막으로 총알과 화약의 경계 부분을 다시 한 번 실로 묶어주면 되었습니다.

이런 식으로 총알과 화약을 잘 포장한 다음 총 9단계의 구분동작을 거쳐 총을 발사합니다. 숙련된 사수의 경우 대략 30초에 한 발 정도 사격할 수 있었다고 합니다. 그런데 문제는 사격 순간에 총에서 불꽃이 크게 튀기기 때문에 자신이 쏜 총탄이 정확히 겨냥되었는지 전혀 확인할 수 없었습니다. 머스킷 소총의 유효 사거리는 채 100미터가 되지 않았고, 특히 비가 오면 거의 무용지물이었습니다.

결국 대포만이 군중의 바리케이드를 압도할 수 있었는데, 대포를 파리의 좁은 골목으로 끌고 갈 방법이 없었죠. 나폴레옹 3세는 부정한 방법으로 왕위에 올랐던 만큼 항상 혁명을 두려워했습니다. 그가 오스만 남작을 시켜 파리의 좁은 골목을 다 허물고 개선문을 중심으로 방사형의 커다란 도로를 만든 직접적인 이유는, 혁명에 대한 공포 때문이었다고 볼 수 있습니다.

혁명군을 쳐부수기 위한 목적으로만 도시 계획이 이뤄진 것은 아니었습니다. 둘째 이유는 인구 집중에 따른 환경 문제였습니다.

1801년 파리의 인구는 55만여 명에서 1851년 100만여 명으로 50년 동안 두 배가 늘었고 1861년 170만, 1876년 200만, 1891년 250만, 1901년 270만, 1921년 290만 명이었습니다. 파리의 면적은 105제곱킬로미터로 서울의 6분의 1 정도입니다. 좁은 면적에 밀집한 인구는 가난한 이들의 삶을 열악하게 만들었죠.[3]

물론 서울과 직접 비교하기는 어렵습니다. 서울은 북한산, 안산, 인왕산, 남산, 관악산, 청계산 등 산이 많은 반면, 파리는 몽마르트르 언덕을 제외하면 평지라는 차이점이 있습니다. 아무리 평야라고 해도 고도 제한 19미터인 상황에서 이 많은 인구가 살려면 결국 1인당 주거 면적이 좁을 수밖에 없죠. 그리고 지금처럼 상하수도나 보건소 등 의료 시설이 잘 완비된 곳조차 매년 독감 등 다양한 전염병이 도는 것을 감안하면, 19세기 초 파리는 전염병의 온상이 될 수밖에 없었습니다. 특히 인도에서 시작된 콜레라의 대유행은 파리를 패닉 상태에 빠뜨렸습니다.

콜레라는 1817년 인도 갠지스 강 유역의 콜카타에서 발생했다고 합니다. 콜카타는 많은 인구가 살아가는 더러운 환경의 도시인데다가 상인, 행정가, 군대, 순례자 등이 끊임없이 왕래하는 곳이었습니다. 한마디로 전염병이 발발하여 세계 각지로 퍼져 나가도 전혀 이상하지 않을 곳이었죠.[4]

문제는 유럽인이 처음 접하는 질병이었기 때문에 콜레라에 대해 아무런 면역도, 정보도 없었던 데 있었습니다. 물을 통해 전염되는 이른바 수인성 전염병이라는 것을 알기 전에는 별의별 소문이 나돌았고, 이 과정에서 파리의 의사들이 대거 살해당하는 끔찍한 참극이 발생했습니다.

특히 파리는 높은 인구 밀집 지역이었고, 보건위생에 대한 인식이 전혀 없어 매우 더러웠던 것도 콜레라의 창궐 원인으로 작용했습니다. 17세기 중반 루이 14세의 어머니는 세느 강을 보고 '세상에서 이보다 더 끔찍한 곳은 없다. 썩어 가는 고기와 생선 냄새, 하천에 방뇨하는 사람들 때문에 악취가 진동해서 도저히 이곳에서 버틸 수 없다'고 이야기할 정도로 도시 환경은 끔찍했습니다. 상수도가 갖춰져 있지 않은 상황에서 사람들은 대부분 우물이나 강에서 물을 길어 와서 식수로 사용했습니다. 그나마도 물을 풍족하게 사용할 수 있는 사치는 부자들이나 누릴 수 있었습니다.

오스만 남작이 도시 위생 개선에 나선 배경에는 이런 참혹한 현실이 있었던 셈입니다. 때마침 영국의 의료진이 도시 위생을 개선함으로써 콜레라 같은 전염병의 확산을 억제할 수 있다는 사실을 밝혀낸 것도 도시 계획 수립의 한 원인이었죠. 게르트 기거렌처 등의 흥미로운 책 〈통계의 함정〉에는 사람들이 마시는 수원, 즉 우물의 오염이 콜레라 확산의 원인임을 밝혀내는 과정이 묘사되어 있습니다.

1854년 영국에 콜레라가 창궐했을 때 의사인 존 스노는 콜레라 환자의 거주지를 런던 지도에 점으로 표시했는데, 일정하게 우물 주위에 콜레라가 집중되어 있는 것을 발견했다고 합니다. 그가 경찰을 동원하여 이 우물들을 폐쇄하자 콜레라로 인한 감염은 빠르게 줄어들어 오염된 식수의 병원균이 콜레라의 원인임이 확인되었죠.[5]

당시 오스만 남작이 건설한 파리의 거대한 하수도는 여러 소설의 등장 무대가 되기도 합니다.

거미줄처럼 잘 연결된 하수도 덕분에 프랑스는 오랜 역사를 이어온 독특한 청소 방법이 생겼습니다. 바로 하수도 거리 청소죠. 청소부는 빗자루로 쓰레기를 모아서 하수도 구멍으로 쓸어 넣습니다. 쓰레기와 물이 뒤섞여 물길을 따라 흘러가는 동안 저절로 분리되는 과정을 거치는 거죠. 이 과정을 통해 처리된 깨끗한 80%의 물은 세느 강으로 흘러가고, 나머지 20%는 파리 시내를 청소하는 용도로 순환합니다.

지금까지의 이야기만 들으면 모든 게 해피엔딩인 것 같습니다만 이와 같은 파리의 도시 계획은 다른 부작용을 일으킵니다. 이 이야기는 3장에서 계속하겠습니다.

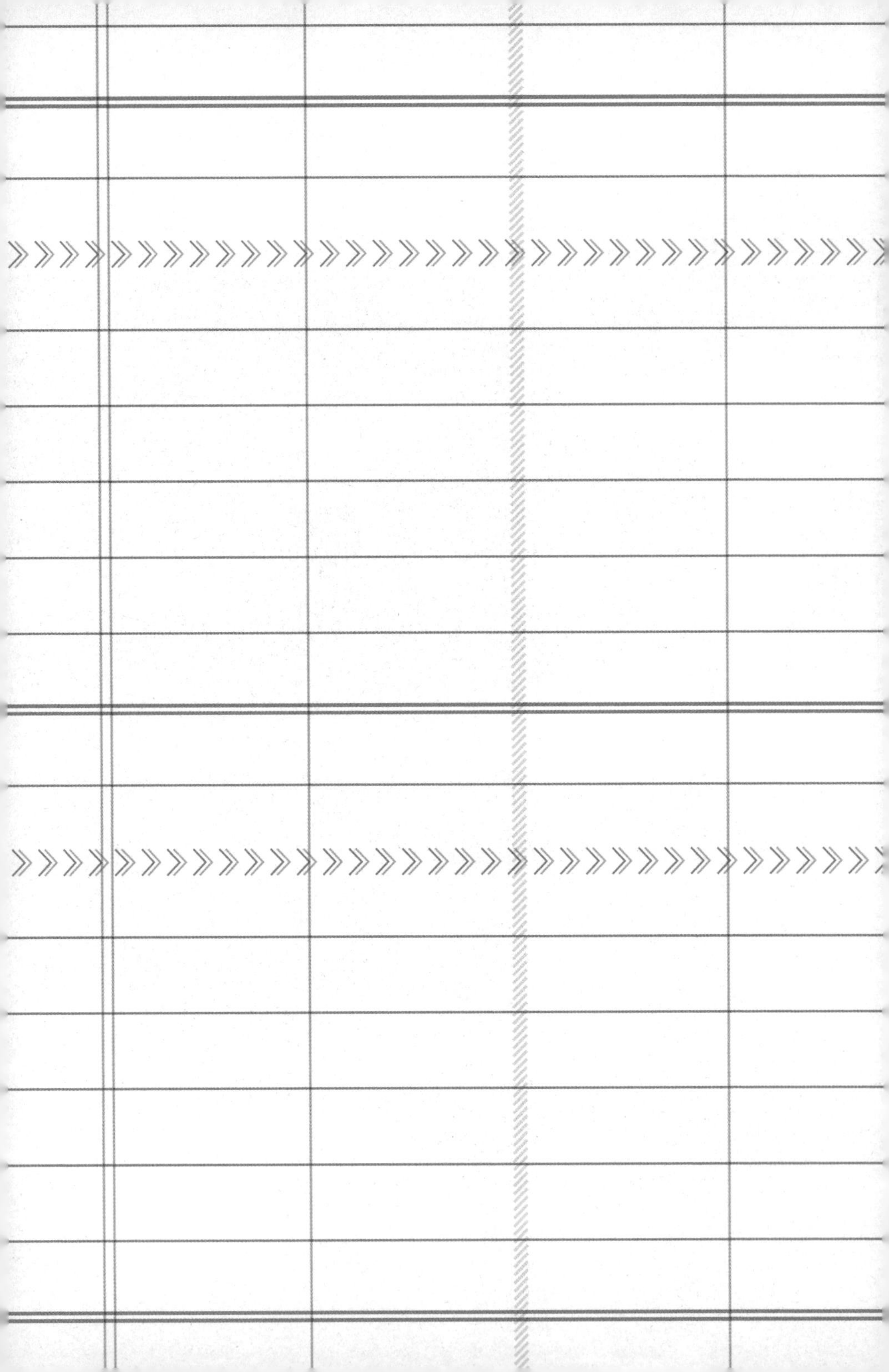

세 번째 이야기

파리의 집값은 왜 그렇게 비싼가요?

"파리 인구가 19세기 말 이후
늘지 않았다고 말씀하셨는데,
산업혁명 이후 프랑스 인구도
계속 늘어나지 않았나요?
그 많은 사람은 다 어디에 살죠?"

파리에서 베르사유 궁전으로 가는 길은 꽤 멉니다. 일반 지하철이 아닌 파리와 위성도시를 연결하는 3개의 광역전철RER 중에서 C라인을 타고 가야 합니다. 저희가 묵은 숙소가 오르세 미술관 근처라서 환승은 쉬웠지만 광역철도 안에 사람이 너무 많아 꽤 오랜 시간 서 있어야 했습니다. 이때 지루했는지 채훈이가 질문합니다.

| 파리 광역전철

"파리 인구가 19세기 말 이후 늘지 않았다고 말씀하셨는데, 산업혁명 이후 프랑스 인구도 계속 늘어나지 않았나요? 그 많은 사람은 다 어디에 살죠?"

의표를 찌르는 질문입니다. 파리의 인구는 1801년 55만 명에서 1901년 270만 명으로 급증했다가 2010년에는 220만 명으로 줄어들었습니다.

왜 파리 인구는 계속 늘어나지 않고 줄어들었을까요? 하버드 대학교의 에드워드 글레이처 교수는 그 원인을 '주택 공급 부족'에서 찾았습니다. 19세기 나폴레옹 3세 시절에 결정된 고도 제한으로 주택 공급이 늘지 않았고, 이 결과 파리는 점점 일부 사람만 살 수 있는 곳으로 변했던 것입니다.

파리 중심부에 신규 주택이 부족해지면서 소형 아파트의 매매 가격이 100만 달러를 넘어선 지 오래되었고, 파리의 호텔에서 하룻밤을 자는 데 500달러 이상이 드는 경우도 드물지 않습니다.[6]

오른쪽의 〈표〉는 아시아개발은행에서 발간한 보고서 〈Housing Policies in the United Kingdom, Switzerland, and the United States: Lessons Learned2016.4〉에서 인용한 것인데, 파리와 런던 등 서유럽의 대도시들이 세계적으로 집값이 비싼 편에 속한다는 것을 알 수 있습니다. 물론 세계의 부자들이 몰려드는 모나코 집값이 비싸기는 합니다.

보고서를 쓴 하이버 박사 등은 런던 집값이 세계에서 가장 비싼 이유로 지역계획당국Local Planning Authority의 엄격한 규제를 들고 있습니다. 하이버 박사 팀은 '만약 런던 및 남동부에 적용되는 주택 건설 규제가 완화되면 2015년 현재 주택 가격은 30% 이상 낮아질

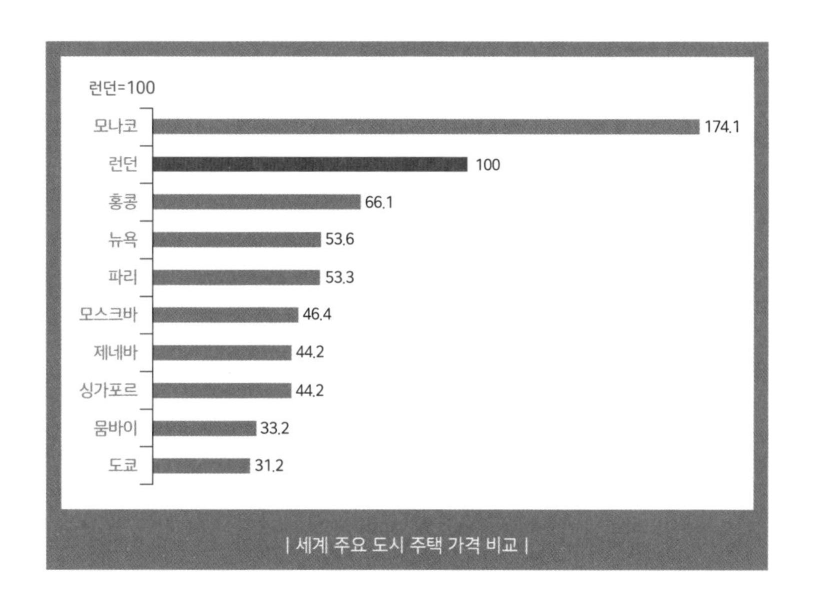

| 세계 주요 도시 주택 가격 비교 |

것'이라고 주장합니다. 달리 말하면 공급 부족으로 인해 주택 가격이 30% 이상 상승했다고 해석할 수 있습니다.

실제로도 이런 현상은 지금도 계속되고 있습니다. 영국이 유로존, 다시 말해 유로화를 사용하는 경제 공동체에서 탈퇴하기로 결정한 다음, 런던을 비롯한 영국의 주택 가격 하락을 예측한 사람이 많았지만 2017년 1~10월 동안 영국의 집값은 5.2%나 뛰어올랐습니다. 파운드 가치가 하락하자 주요 통화 대비 런던의 집값이 떨어져 세계의 부자들이 런던의 주택을 매수한 것입니다.

그런데 런던이나 파리 모두 아름답고 비싼 도시임에 분명합니다만, 왜 파리 집값은 런던 집값의 절반 수준일까요?

이유는 철도망의 차이에 있었습니다. 베를린 자유대학의 카트리나 크놀 교수 등은 미국 경제지에 실은 논문 〈No Price Like Home: Global House Prices1870-2012〉에서 14개 주요 나라의 실질 주택 가격을 분석했습니다. 고종 임금이 다스리던 조선 시대부터 주택 가격 데이터를 수집했다니 열정이 대단하지 않습니까.

'실질' 가격이란 물가 상승률을 감안한 주택 가격이란 뜻입니다. 채훈이가 어릴 때 살았던 여의도 시범아파트는 1971년 12월에 입주한 아주 오래된 아파트입니다. 그런데 당시 아파트 가격이 평당 3만 원이었는데, 이 책을 쓰는 2018년에 3천만 원이었다면 시범아파트의 47년 동안의 가격 상승률은 1000배가 될 것입니다.

그러나 같은 기간 자장면 가격도 버스 요금도 올랐습니다. 통계청을 방문해서 같은 기간 동안 소비자물가가 얼마나 올랐는지 계산해 보니 18.5배 상승했더군요. 따라서 물가 상승을 감안한 실질적인 여의도 시범아파트의 가격은 54배 상승한 것으로 봐야 할 것입니다. 그럼 1870년 이후 전 세계 선진국의 실질 주택 가격은 얼마나 상승했을까요?

크놀 교수 팀의 분석 결과에 따르면, 1960년대까지만 해도 전 세계 실질 부동산 가격은 거의 오르지 않았고 1970년대부터 본격적으로 상승했다고 합니다. 기간 단위로 끊어서 계산하면 1913년부터 1960년까지 주요국 실질 부동산 가격은 연 평균 0.8% 상승했지만, 1961년부터 2016년까지는 연 평균 2.1%씩 오르기 시작했습니다. 0.8% 상승이나 2.1% 상승이나 큰 차이 없다고 생각할 수 있지만, 사소해 보이는 차이라도 오랜 기간 누적되면 그 영향력은 만만치 않습니다.

세계 1차 대전이 시작되기 직전이었던 1913년을 100이라고 가정하면, 1960년 실질 부동산 가격은 148에 불과했습니다. 그런데 1980년 326, 2000년 427, 2016년에는 무려 512까지 상승했습니다. 한마디로 1960년까지 세계 부동산 시장은 물가 상승률을 따라가기에 급급한 지루하고 심심한 시장이었다면, 이후에는 상승률도 가파르며 매우 역동적인 시장으로 탈바꿈한 셈입니다.

여기서 또 의문이 생깁니다. 왜 부동산 가격은 1960년대부터 오르기 시작했을까요?

이에 대해 크놀 교수 팀은 철도망의 축소에 주목합니다. 지난 1950년대까지만 해도 선진국은 철도 건설에 열을 올렸습니다. 예를 들어 1900년의 철도 총연장이 100이라면 1950년에는 245. 50년 만에 철도의 총연장 규모가 2배 반 가까이 늘어날 정도로 활발한 철도 건설이 이뤄졌습니다. 그러나 1960년대부터는 정반대의 일이 벌어지기 시작했죠. 자동차가 교통의 주역으로 부각되면서 철도를 걷어내고 그 자리에 도로를 만드는 일이 일반화된 겁니다. 우리나라도 비슷한 일이 벌어졌죠. 서울 시내를 다니던 전철이 없어진 대신 종로나 마포대로는 큰 자동차 도로로 탈바꿈했으니까요.

이 결과 세계 주요국의 철도 총연장은 이후 60년 넘게 지속적으로 줄어드는 형편입니다. 철도 건설 중단이 토지 가격에 어떤 영향을 미칠까요? 철도망을 걷어내는 일이 곧 주택 가격의 상승으로 연결되는 이유는 '철도 건설'이 일종의 택지 공급의 측면을 띠고 있기 때문입니다. 예를 들어 새로운 철도망이 건설되어 일할 곳이 많은 대도시로의 통근이 편해지면, 이는 도시 면적이 확대된 것과 같은 효과를 지니지 않겠습니까?

프랑스, 특히 파리의 주택 가격이 런던에 비해 상대적으로 싼 이유가 베르사유를 비롯한 주변 도시로 이어진 거미줄 같은 광역철도망 때문이라는 말이 있습니다. 물론 프랑스 사람들도 파리에 집을 지으려는 생각을 아예 안 했던 것은 아니었습니다. 1880년대 서민 주택 임대료 상승으로 주택 위기가 발생했을 때 파리 시의회는 많은 논의를 진행했습니다. 이후 1894년 최초의 사회주택 관련법이 제정되었지만 건설되는 사회주택은 많지 않았습니다.[7]

왜 파리에 사회주택 건설이 힘들었을까요? 최근 실린 〈르몽드〉지의 칼럼은 파리 사람들이 주택 공급을 늘리고 싶지 않은 이유를 잘 설명해 줍니다.

"파리는 누구도 손댈 수 없는 박물관입니다. 그래서 불평불만이 나오기도 합니다. 반면 파리의 영원한 라이벌인 런던은 정반대의 모습으로 건립되었습니다. 그들은 천 년 역사의 심장부에 십여 개의 마천루 건설을 망설이지 않았습니다."

파리의 주택난과 비싼 주거비 문제를 해결하기 위해 대규모의 신도시 건설을 주장하는 쪽도 있지만, 〈르몽드〉지 칼럼니스트는 정반대의 입장입니다. '파리는 누구도 손댈 수 없는 박물관입니다'라는 말 속에 숨어 있는 파리 시민의 자긍심을 감안하면 대대적인 주택 건설은 힘들어 보입니다.

이제 채훈이의 질문에 답할 수 있겠네요. 파리를 중심으로 뻗어나간 광역철도망 덕분에 파리의 집값이 런던에 비해 상대적으로 싼 것은 사실이지만, 파리 시내에 새집을 짓기 어렵기에 자산을 모으지 못한 사람은 앞으로도 파리에 집을 구하기 힘들 것 같습니다.

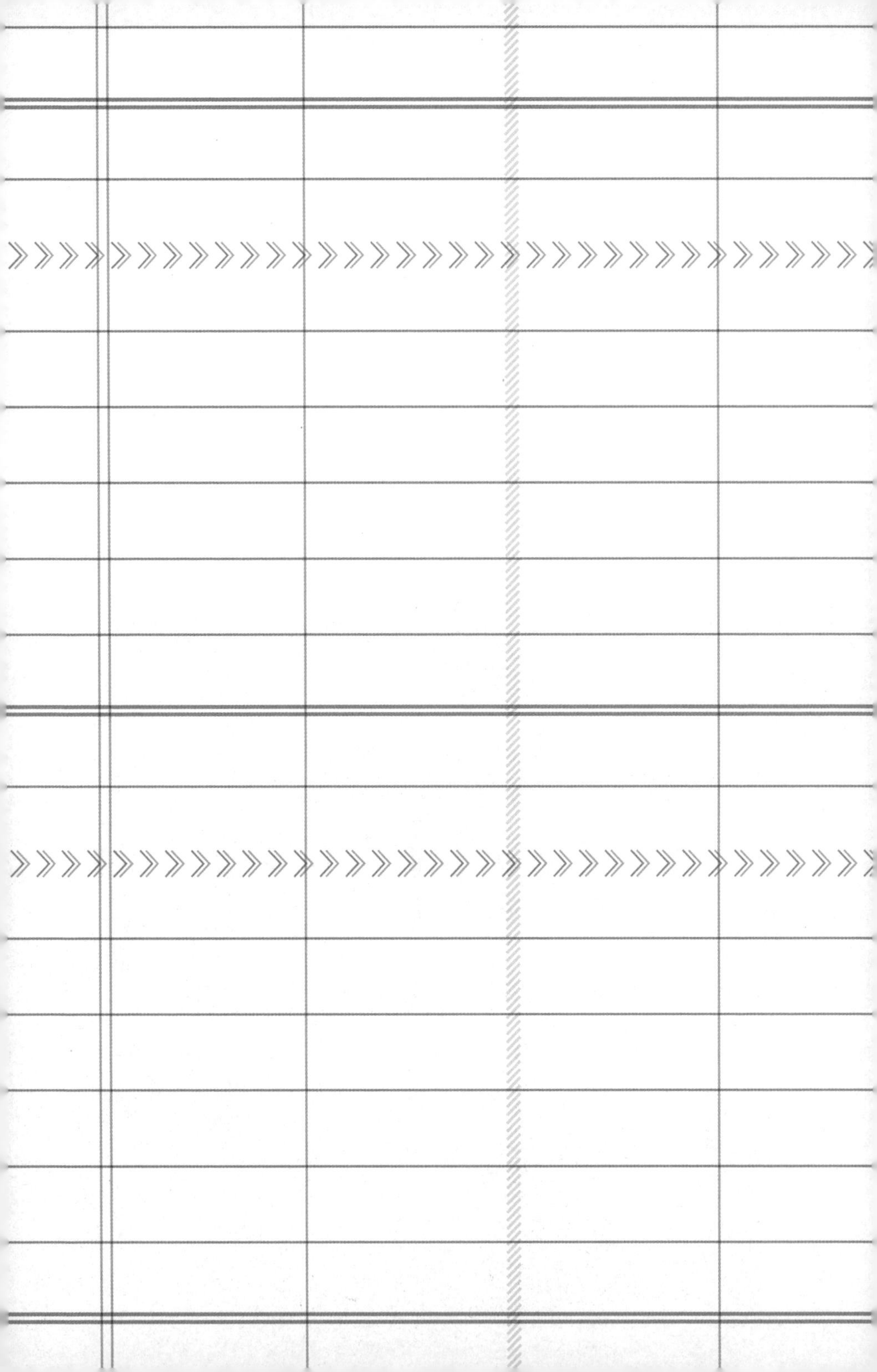

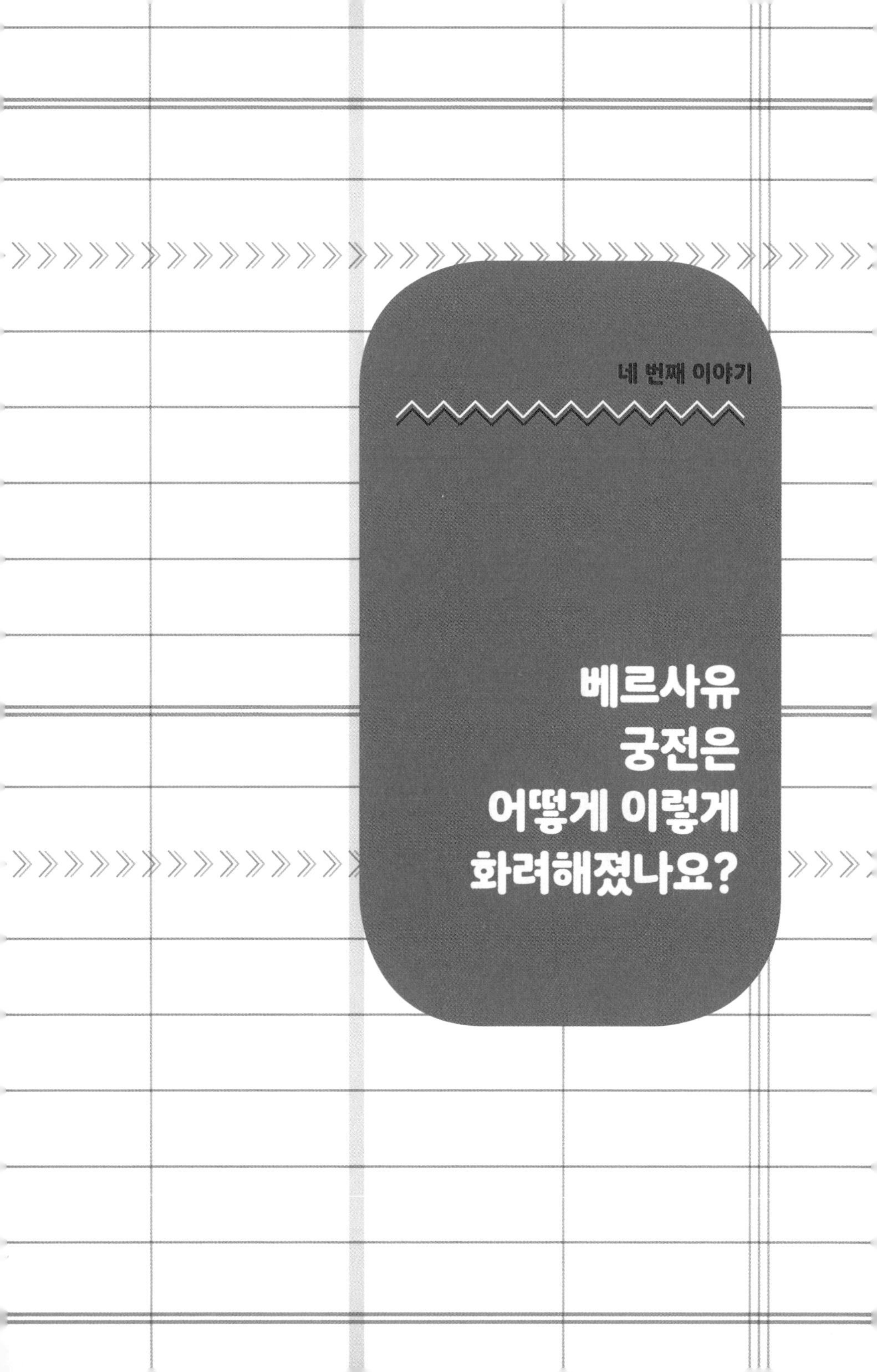

네 번째 이야기

베르사유 궁전은 어떻게 이렇게 화려해졌나요?

"아빠!

궁궐이 이렇게나 화려해요?

이게 다 백성들 고혈로

만든 것 아닌가요?"

RER C선 베르사유 RG역에 내려 5분쯤 걸어가다 보면 저 멀리 베르사유 궁이 보입니다. 역에 내린 사람이 모두 한 방향으로 가니 못 찾는 일은 없습니다. 앗! 한 가지 미리 밝혀야 할 게 있습니다. 친절한 프랑스 신사 이야기를 빼놓으면 안 되죠. RER C선을 타기 위해 오르세 미술관 역의 승강장에 서 있는데, 지금 '벡사이 팰레스'를 가는 거 아니냐고 묻더군요.(프랑스 발음으로는 베르사유가 아니고 '벡사이') 그렇다고 하니 이 승강장이 아니라 계단을 내려가 건너편 승강장으로 가야 한다고 가르쳐주더군요. 저 먼 동양에서 온 부자가 잘못된 승강장에 서 있는 모습이 안쓰러웠나 봅니다.

| 광역전철 RER C선 표지판

| 베르사유 궁전을 장식하는 수많은 장식품 중의 하나. 디테일한 장식도 아름답지만 이런 아름다운 장식을 약탈당하지 않고 지켜냈다는 점에서 19세기 이후 유럽의 전쟁이 조금은 인도적인 면도 있었다는 생각을 들게 했다.

| 베르사유 궁전에서 가장 유명한 거울의 방. 17세기 거울은 '하이테크' 산업이었고, 벽면을 거울로 채운 거울의 방은 중요한 행사가 열리는 곳이기도 했다. 유명한 사례가 세계 1차 대전에서 패한 독일이 굴욕적인 배상 협상을 맺었던 '베르사유 협약'이다.

멋진 신사 덕분에 무사히 베르사유 궁전에 도착했는데, 채훈이는 입이 쩍 벌어진 채 말을 잇지 못합니다. 그러다 그 유명한 명소, '거울의 방'에 도착하자 크게 한숨을 쉬더니 묻습니다.

"아빠! 궁궐이 이렇게나 화려해요? 이게 다 백성들 고혈로 만든 것 아닌가요?"

예전에는 저도 채훈이와 같은 생각을 했습니다. 그러나 이제는 말할 수 있죠. 그것만이 다는 아니라고 말입니다. 분명히 백성의 고혈을 짜내 만든 궁궐임은 분명합니다만, 그전에 백성에게 무언가가 있어야 짜낼 수 있다는 것도 이야기해야 할 것 같습니다.

위성 지도를 보면 프랑스는 유럽의 중심부를 차지하고 있는 축복받은 땅입니다. 물산이 풍부하고 인구도 많았습니다. 19세기 초 나폴레옹 전쟁 당시 전체 유럽과 붙어서도 승리한 이유는 토지개혁으로 땅을 불하받은 국민병의 용맹함 때문이기도 했지만, 무엇보다 프랑스 인구가 4천만에 이를 정도로 많았다는 데 있습니다. 당시 영국의 인구는 1천 2백만, 가장 강력한 적수였던 오스트리아의 인구는 2천만에도 미치지 못했습니다.

특히 중요한 것은 '평야'입니다. 프랑스의 서북부 지역은 산이 없어 매우 평탄합니다. 게다가 서안해양성 기후로 연중 온화하며, 겨울에 비가 오는 특성이 있기에 1년 내내 강의 수위가 일정합니

| 프랑스의 지리적 환경
출처: 구글어스

다. 따라서 큰 강을 따라서 도시가 생기고 상업이 발달하기 쉬운 구조입니다.

여기에 한 가지 더 행운이 따릅니다. 중세 시대 프랑스 동부의 샹파뉴 지방에 매년 큰 시장(샹파뉴 정기시)이 열리는데, 이 시장 덕택에 프랑스는 일찍부터 상업이 크게 발달할 수 있었습니다. 지도를 보면 알프스 산맥을 가로질러 제네바로 이어지는 길이 하나 보이는데, 그 길의 프랑스 쪽 영역이 샹파뉴 지방입니다. 지금도 샹파뉴 지방은 샴페인의 생산지로 이름 높은 부유한 지역입니다.

파리에서 공부하는 대학원생(이하 '파리 삼촌')과 마른을 비롯한 세계 1차 대전 전장 기행을 다녔을 때 샹파뉴 지방이 얼마나 풍요로운지 알 수 있었습니다. 와인으로 유명한 마을을 들어가면 고급

차가 즐비하고 집도 매우 깨끗했거든요. 특히 샴페인을 만드는 제조업자(와이너리)를 방문했을 때는 그 으리으리함에 놀랐던 기억이 생생합니다. 지하의 와인 숙성고가 11세기에 지어진 교회의 교회당을 활용한 것이라고 설명할 때는 입을 쩍 벌렸던 기억이 선명합니다.

이탈리아 상인이 머나먼 중동에서 가져온 값비싼 상품을 싣고 알프스를 넘어간 이유는 바로 '고객'이 플랑드르 지방에 있었기 때문입니다. 후추, 도자기, 비단 같은 값비싼 동양의 사치품을 구입하려면 돈이 많아야 했는데, 중세 시대 유럽에서 가장 부유한 지역은 플랑드르와 이탈리아 북부 도시들이었습니다.

베네치아부터 밀라노, 피렌체로 이어지는 이탈리아 북부 도시는 중동과의 교역을 통해 엄청난 부를 쌓았습니다. 이들 지역에서 수입한 후추나 도자기 같은 제품이 부유한 플랑드르로 이동하는 과정에서 도시가 발달했죠. 플랑드르 지역은 큰 강이 흘러드는 천혜의 교통 중심지로 예전부터 목양업이 발달했습니다.

제가 어릴 적 봤던 애니메이션 〈플란더스의 개〉의 무대가 바로 이곳입니다. 플랑드르를 영어로 발음하면 '플란더스'가 되죠. 〈플란더스의 개〉의 마지막 장면을 보면 주인공 네로가 동네 성당에 그려진 그림을 마지막으로 보다 숨집니다. 그 그림은 당시 유럽 최고의 화가였던 루벤스의 작품입니다.[8] 지금 안트베르펜의 노트르담 대성당에 걸려 있죠.

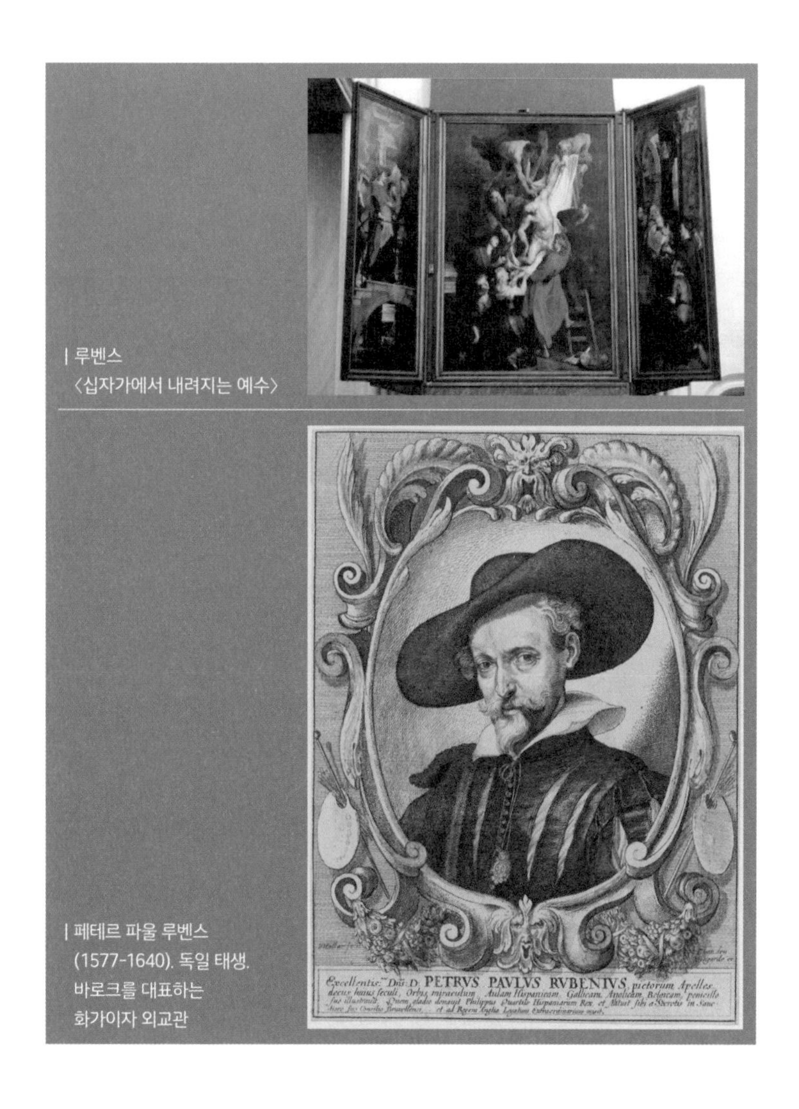

| 루벤스 〈십자가에서 내려지는 예수〉

| 페테르 파울 루벤스 (1577-1640). 독일 태생. 바로크를 대표하는 화가이자 외교관

덧붙이자면 그 유명한 파리의 노트르담 대성당을 비롯해 유럽에는 '노트르담' 성당이 많습니다. 프랑스어로 '노트르담'은 '성모 마리아'를 뜻하거든요. 루벤스의 그림이 동네 성당에 걸려 있는 데에서도 쉽게 확인되듯, 당시 플랑드르 지역의 도시는 아주 부유했습니다. 플랑드르 지역이 부유했던 이유는 북해에서 무진장 쏟아지는 생선인 청어를 소금에 절여 오랫동안 보관하는 기술을 가지고 있었고, 특히 영국 등에서 수입한 질 좋은 양털을 천이나 옷으로 만들어 유럽 전역에 수출했기 때문입니다. 이제 이탈리아 상인이 험준한 알프스 산맥을 넘어 프랑스의 샹파뉴 지방까지 온 이유를 아시겠죠?

그런데 한 가지 어려움이 있었습니다. 어마어마한 거래 비용이었습니다. 베네치아에서 후추를 구입한 상인이 이탈리아 북부의 포 강을 지나 알프스를 넘어 프랑스 샹파뉴 지방을 통과해 플랑드르 지역까지 가는 동안 시간과 비용이 많이 들었거든요. 물론 사람이 이 많은 짐을 들고 갈 수는 없으니 말을 이용했습니다. 그러나 말을 이용해 수송한다는 것은 또 다른 짐인 건초가 필요했습니다.

크기에 따라 차이는 있겠지만 말 한 마리당 하루 10킬로그램 정도의 건초를 먹어야 한다고 합니다. 10킬로그램의 건초면 무게도 무게지만 부피가 큰 문제였지요. 게다가 추가로 곡물도 먹어야 합니다.[9]

말을 통한 운송은 장거리 이동에서 수지타산이 맞지 않았습니다. 게다가 중세 유럽은 지금처럼 공식적인 국경이 있었던 것도 아니고, 각각의 영주가 다스리는 작은 장원으로 조각나 있었기 때문에 치안이 아주 불안정했습니다. 도적 떼가 각 영주가 지배하는 지역의 경계선 부분에 자리 잡고 상인을 약탈했던 것입니다.

물론 상인들도 가만히 보고 있지만은 않았습니다. 그들은 자신과 재산을 보호해야 했습니다. 이제 기사 외에 제2의 무장 집단이 생겨난 것이죠. 그들은 농촌의 지배 계급인 기사 계급과의 협상을 통해 간신히 불안정한 휴전 상태를 유지했습니다.[10]

영주들도 대규모의 상인 집단이 자신의 영지로 들어오는 것을 반기지 않았습니다. 언제 약탈자로 변할지 모르는데 이들을 경계하지 않을 수 없었죠. 결국 두 지역에서 적당히 떨어진, 프랑스 동부의 가장 강력한 영주인 샹파뉴 백작의 영지에서 플랑드르와 베네치아의 상인이 정기적으로 만나 거래하기에 이른 것입니다.

곡창 지대와 주요 교역로를 가진 프랑스가 본격적으로 성장한 시기는 위대한 군주 앙리 4세가 재위에 오른 뒤였습니다. 그는 재위 기간 중에 '낭트 칙령'을 내려 신교도의 종교 자유를 용인함으로써 30년간 지속된 내전을 종식시켰죠.

당시 앙리 4세는 신교도였습니다. 그렇지만 자신이 개종하지 않고서는 인구의 절대 다수를 차지하는 국민을 납득할 수 없다고 판단해 자신이 구교로 개종한 뒤 신교도에게 종교의 자유를 허용하는 '낭트 칙령'을 내려 기나긴 내전이 종식되었습니다. 이런 위업을 달성했음에도 앙리 4세는 원한을 품은 구교도에게 암살당하고 맙니다.

하지만 앙리 4세의 노력은 헛되지 않아 이후 프랑스는 더욱 부강해졌습니다. 종교 갈등으로 분열되었던 나라가 하나로 뭉쳤고, 강대하던 지방 영주의 권력이 약해지면서 국왕이 권력을 쥐게 되었죠. 이 강대한 권력을 가장 잘 활용한 왕이 바로 베르사유 궁전을 건설한 루이 14세입니다. 그리고 루이 14세는 베르사유 궁전을 일종의 수출 상담을 위한 '쇼룸'으로 활용합니다.

17세기까지 유럽에서 가장 유명한 유리 제조 국가는 베네치아였습니다. 유리 공업은 조선업과 함께 베네치아의 전통 산업이었습니다. 샹들리에는 물론이고 모래시계와 같은 유리 제품이 시장을 독점하고 있었죠.[11]

생산이 수요를 따르지 못할 정도로 잘 팔리니 프랑스 입장에서는 얼마나 배가 아팠겠습니까. 처음에는 베네치아에서 유리 기술자를 스카우트하려고 했습니다.

하지만 베네치아가 무라노 섬에 유리 공방을 두고 산업 스파이를 철저하게 차단하고 있었기 때문에 기술 습득에 어려움이 많았습니다. 천신만고 끝에 유리 제조 기술을 습득하기는 했지만, '베네치안 글라스'의 명성이 하늘을 찌르는 상황에서 후발주자인 프랑스제 유리 제품을 아무도 사주지 않는다는 것이 루이 14세의 고민이었습니다.

결국 루이 14세는 유럽의 귀족들이 꿈에서라도 한 번 가보고 싶어 하는 베르사유 궁전에 거울로 가득 찬 방(거울의 방)을 만듦으로써 프랑스산 유리 제품의 기술력을 자랑하고, 수출 상담을 진행하는 데 성공했습니다. 지금처럼 프랑스가 '패션의 나라'가 된 데는 루이 14세의 노력에서 시작되었다고 볼 수 있죠. 그러나 루이 14세는 나이가 들어가면서 많은 실수를 저지릅니다.

수많은 전쟁과 궁궐 건축 등으로 재정을 망가뜨린 것도 문제였지만, 가장 큰 실책은 말년에 '낭트 칙령'을 폐지한 것입니다. 한때 그렇게 산업을 부흥시키기 위해 노력하고, 심지어 산업 스파이 짓마저 마다하지 않던 계몽 군주로서의 모습을 저버린 일이었습니다.

낭트 칙령을 폐지하자 신교도는 종교의 자유를 찾아 프랑스를 빠져 나갈 수밖에 없었고, 이 덕에 영국과 스위스 등 인접 국가가 큰 이익을 보았죠. 왜냐하면 신교도의 상당수가 상인과 기술자였기 때문입니다.

프랑스가 경쟁력을 잃어버린 대표적인 산업은 '시계 제조업'이었습니다. 당시 유럽의 시계 산업은 나날이 발전하는 중이었고, 시계 산업은 곧 다른 산업 발달의 척도 역할을 했습니다. 왜냐하면 태엽이나 진자를 만드는 데 고도의 계측이 필요했고, 금속의 팽창이나 태엽의 탄성 등을 실험을 통해 계속 정밀하게 다듬어야 했기 때문이죠.

유럽 서양사학계의 거장 치폴라 교수에 따르면, 종교개혁 시기에 많은 시계공이 신교로 개종했다고 합니다. 여러 이유가 있겠지만 시계공은 소득도 많고 상대적으로 교육 수준도 높았기에, 루터 등이 주도한 종교개혁의 내용을 바로 알아차린 탓이겠죠. 그러나 이런 시계공의 특성으로 인해 루이 14세의 '낭트 칙령 폐지' 정책은 대대적인 시계공의 해외 탈출로 이어져 인재 유출을 일으키고 말았습니다.[12]

물론 1789년 대혁명 이후 40년간 지속된 전쟁을 감안할 때 꼭 루이 14세가 아니었더라도 프랑스에서 계속 시계 산업이 융성하기는 힘들었을 겁니다. 하지만 루이 14세의 실책이 없었던들 영국

대신 프랑스가 산업혁명을 일으켰을지도 모를 일 아니겠습니까.

베르사유 궁전에 수도 없이 전시되어 있는 시계 중 하나. 당시 시계는 각국이 얼마나 선진적이며, 다른 나라에 비해 앞서 있는지를 보여주는 일종의 척도 역할을 했다. 특히 중국 등 아시아 국가에서 관심을 보인 유일한 유럽산 물건이었다.

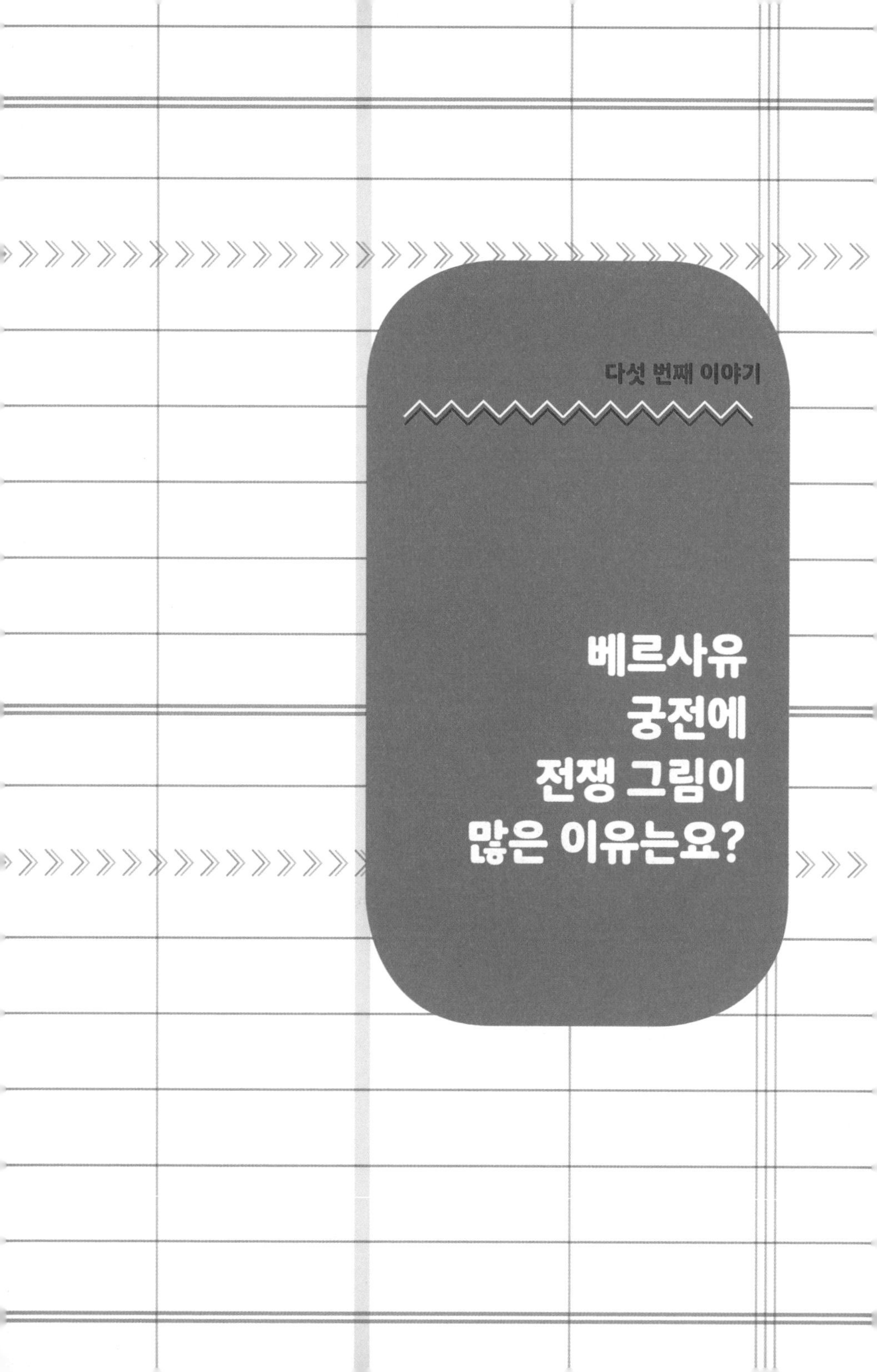

다섯 번째 이야기

베르사유 궁전에 전쟁 그림이 많은 이유는요?

이 나라는 무슨 전쟁을 이렇게 자주 했대요?

제가 아는 전투만 해도 여러 개니

이건 뭐 전쟁으로 세월을 보낸 것 같아요.

왜 프랑스의 국왕, 특히 루이 14세는

이렇게 전쟁을 좋아했나요?

베르사유 궁전에는 '안젤리나'라는 카페가 있습니다. 좀 비싼 편입니다만 다리도 쉴 겸 아들이 좋아하는 쿠키와 케이크도 있어 한번쯤 갈 만합니다. 안젤리나의 마카롱은 참 맛있습니다.

안젤리나에서 나와 궁궐로 가다 보면 그 유명한 〈나폴레옹 1세의 대관식〉 그림이 나타납니다. 파리의 노트르담 대성당에서 황제 자리에 오르는 모습을 그린 자크루이 다비드Jacques-Louis David의 작품인데요. 두 개를 그려서 하나는 루브르에, 다른 하나는 베르사유 궁전에 전시해 놓았습니다.

나폴레옹 1세의 대관식에 이어진 방으로 가면 무려 20개의 아

| 자크루이 다비드, 〈나폴레옹 1세의 대관식〉

| 장 그로, 〈아부키르 전투〉

주 큰 그림이 전시되어 있는데, 여기가 바로 '전쟁의 방'입니다. 프랑스가 대승리를 거둔 유명한 전투를 묘사한 그림을 전시했는데, 쟁쟁한 화가가 그려서 그런지 아주 볼 만합니다. 개인적으로 저는 자크루이 다비드의 제자인 앙투안 장 그로Antoine-Jean Gros의 그림 〈아부키르 전투1806〉가 멋지더군요. 장 그로는 루브르 박물관에 있는 유명한 그림 〈자파의 페스트 환자를 위문하는 나폴레옹〉의 작가이기도 합니다. 이때 기운을 차린 채훈이가 질문합니다.

"이 나라는 무슨 전쟁을 이렇게 자주 했대요? 제가 아는 전투만 해도 여러 개니 이건 뭐 전쟁으로 세월을 보낸 것 같아요. 왜 프랑스의 국왕, 특히 루이 14세는 이렇게 전쟁을 좋아했나요?"

왜 루이 14세는 전쟁을 계속했을까요?

프랑스 국왕이 '제동 걸 사람이 없는 절대자'라는 점도 한 요인이었겠지만, 그보다 주변이 강력한 적으로 둘러싸인 프랑스의 지리적 환경 때문은 아니었을까요? 유럽은 알프스 산맥과 피레네 산맥 등 아주 큰 산맥이 각 지역을 갈라놓는데다 다뉴브 강, 라인 강, 엘베 강처럼 거대한 강이 여럿 존재하며 각자 다른 방향으로 흘러갑니다. 이런 지리적 특성상 여러 개의 중심권이 생겨났다고 볼 수 있는데요. 이와 같은 다(多) 중심성이야말로 중국 문명과 달리 유럽이 여러 개의 나라로 분열된 원인이라고 봐야 합니다.

심지어 그 강대했던 로마 제국조차도 엘베 강을 넘어 동쪽으로

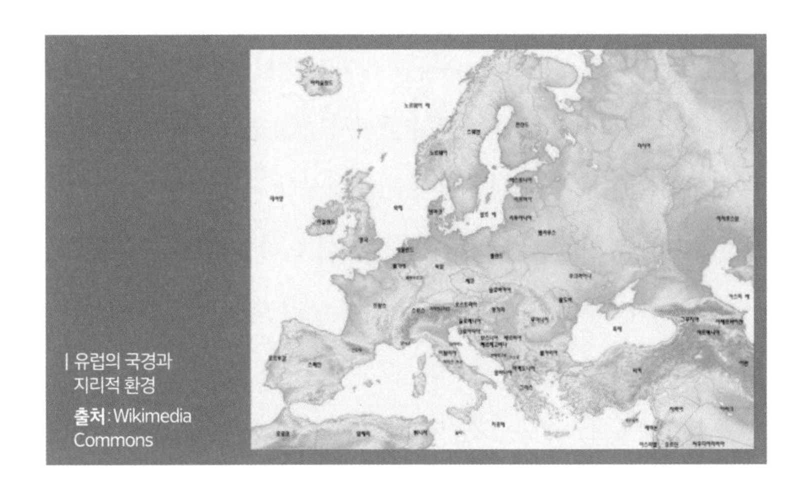

| 유럽의 국경과 지리적 환경
출처: Wikimedia Commons

뻗어나갈 수 없었으니까요. 로마의 전성기였던 아우구스투스 황제 시절 엘베 강 동쪽으로 군대를 보냈지만, 끝도 없이 뻗어 있는 토이토부르크 숲에서 로마의 3개 군단이 게르만족에게 전멸당하자 엘베 강 너머의 영토 확장을 포기합니다.

이러다 보니 로마 제국 이후 유럽에는 강대한 단일 제국이 성립할 수 없었습니다. 유럽의 통일을 주도할 가장 강력한 후보는 프랑스였지만, 앙리 4세 이전까지 분열되어 있었기에 엄두도 낼 수 없었습니다. 다음으로 강력한 세력은 오스트리아였습니다. 하지만 오스트리아는 결혼 정책을 통해 거대한 영토를 형성했지만 구심력이 약해 늘 반란의 위협에 시달리는 신세였습니다. 한때는 스페인, 오스트리아, 네덜란드, 남부 이탈리아, 동부 프랑스 등이 모두 오스트리아 제국 치하에 있었습니다.

'분열된 유럽'의 상황을 더욱 고착화시킨 나라는 영국이었습니다. 영국은 유럽에 강대한 제국이 들어서는 것을 늘 경계했죠. 영국은 자국의 인구가 적어 강력한 육군을 형성할 수 없다는 사실을 일찌감치 깨닫고 해군을 육성하는 데 온 힘을 기울였습니다. 대표적인 예가 나폴레옹 1세에 대응하기 위해 무려 다섯 번의 프랑스 동맹을 주도한 것입니다.

넬슨 제독이 이끄는 해군이 알렉산드리아와 트라팔가르 해전에서 연이어 프랑스 해군을 쳐부수지 않았다면, 우리는 영어 대신 프랑스어 공부를 열심히 했을지도 모릅니다.

아무튼 이렇게 역사가 진행되다 보니 유럽 내에는 절대 강국도 약소국도 없습니다. 정확하게 말하자면 무능한 왕이나 여왕이 다스려 국력이 쇠약해진 나라는 바로 독립을 잃어버리고 다른 나라의 지배를 받는 신세가 됩니다. 폴란드가 그렇죠. 한때 폴란드는 중부 유럽을 호령하던 '후사르 기병'으로 유명한 강대국이었습니다.

특히 1683년 빈 전투는 폴란드 기병대의 용맹함을 잘 보여준 사례라 할 수 있습니다. 오스만 투르크 제국은 유럽으로의 세력 확장을 위해 9만여 명의 대군을 이끌고 오스트리아의 수도 빈을 포위했습니다. 두 달에 걸친 공방전 끝에 오스트리아는 더 이상 버티지 못하고 빈을 포기하려던 때 도착한 4만 6천 명의 폴란드 기병대가 전쟁의 승패를 뒤집었습니다.

저를 비롯한 전쟁사 마니아들이 입버릇처럼 이야기하는 4만 기병 돌격이 그것입니다. 중장기병이 빠른 속도로 적 진영의 중앙을 돌진할 때 얼마나 무서운가를 보여준 전투 사례로 자주 언급됩니다. 이 전투로 오스만 투르크의 최정예부대 예니체리 군단이 산산조각 났습니다. 이후 오스만 투르크 제국이 다시는 이때의 군대

| 빈 전투

규모나 훈련의 수준을 유지하지 못했다고 하니 정말 대단한 전투였던 것 같습니다.

이야기가 길어졌네요. 그렇게 강력한 군사력을 가진 폴란드였지만, 이후 주변 국가에게 분열되어 기나긴 식민 통치의 시대를 경험해야 했습니다. 폴란드가 약소국으로 전락한 이유는 많은 제후들로 나뉘어, 이들이 하나의 나라라는 소속감 없이 자신의 이해에 따라 주변국과 결탁해 정부의 권력을 약화시킨 데 있습니다.

16세기 이후 주변의 세 나라(러시아, 프로이센, 오스트리아)에 뛰어난 지도자가 등장한 것도 폴란드에게는 큰 타격이었습니다. 에

카테리나 여제가 다스리는 러시아, 호엔촐레른 왕가가 들어선 다음부터 빠르게 성장한 프로이센, 끝없는 결혼 정책을 통해 거대한 제국을 형성한 오스트리아에게 폴란드는 좋은 먹잇감이었죠. 이후 폴란드는 세 나라에게 차례대로 분할되었고, 세계 1차 대전이 끝난 다음에야 독립할 수 있었습니다. 쇼팽이나 퀴리 부인 같은 폴란드 출신의 천재들이 모두 파리를 중심으로 활동했던 데는 이런 역사적 배경이 있었던 것이죠.

폴란드의 비극에서 확인되듯 치열한 경쟁을 벌이는 상황에서 부국강병책을 게을리 하는 나라는 바로 멸망입니다. 유럽 국가 간 경쟁을 보여주는 대표적인 사례가 '화약 무기'의 보급이었습니다.

14세기 초반부터 유럽에서는 전장에서 대포를 사용하기 시작했습니다. 1330년 이후 대포는 전장에서 엄청난 굉음과 함께 불꽃을 내뿜으며 금속제 포탄을 날려 보내는 흔한 무기가 되었다고 합니다.

단 십수 년 만에 유럽 전역에 화약 무기가 보편화된 것입니다.

이탈리아의 도시 국가를 쳐들어갔던 세력이 호되게 당한 다음, 이탈리아 도시 국가가 새롭게 입수한 신무기가 어디서 왔는지 추적하고, 또 기술을 복제하는 과정에서 순식간에 유럽 전역으로 보급되었죠.

물론 쉽지 않은 일이었습니다. 처음에는 청동으로 대포를 만들었는데, 청동을 만드는 핵심 요소인 주석의 생산이 귀했기에 대포는 매우 값비싼 물건이었습니다. 글로벌 교역이 활성화된 요즘이야 말레이시아에서 주석을 수입해오면 되지만, 14세기에 그 먼 곳에서 주석을 수입할 방법이 없었죠. 그래서 대체재인 철 대포에 관심이 높아집니다. 그러나 제대로 된 철을 생산하기가 어렵습니다.

신석기 시대 이후 청동기 시대가 출현하고 그 뒤에야 철기 시대가 출현한 것에는 다 이유가 있습니다. 바로 '녹는 점' 때문입니다. 구리가 녹는 온도는 1,083도에 불과하기에 열심히 불을 때면 구리가 물처럼 흐르고 이를 거푸집에 넣어서 칼이나 제기를 만들 수 있습니다. 최근 중국의 오래된 무덤에서 발견되는 아름다운 청동기 제기는 다 이런 형태로 만들어진 것이죠.

효율적인 대포를 만들기 위해서는 청동이 필요한데, 청동을 만드는 핵심 요소인 주석이 유럽에서 거의 생산되지 않다 보니 각 나라는 철로 대포를 만들기 위해 고심했습니다. 그러나 철은 녹는 온도가 1,539도나 되기 때문에 나무를 때서는 도저히 철광석을 녹여 철을 주조할 수 없습니다.

당시 철광석을 녹일 수 있는 유일한 방법은 '숯'이었습니다. 잘 말린 나무를 한 번 더 정제한 숯을 사용해야 1,500도 이상의 온도까지 용광로를 달굴 수 있었던 것입니다. 그러나 지금처럼 석탄을 가지고 철을 제조하지 않았기에 '탄소강'을 제조할 기술 따위는 없었습니다. 결국 혁신적인 제철 기술이 개발된 19세기 이전까지 튼튼한 철의 주조는 '운'에 달려 있었습니다.

이런 제조법의 영향으로 중세 유럽의 대포는 매우 컸습니다. 왜냐하면 화약이 폭발하는 힘으로 포탄을 날려 보내야 하는데, 철의 품질이 너무 떨어져 대포가 터져 버리는 일이 잦았거든요. 그러다 보니 대포를 더욱 크고 두껍게 만드는 방법 이외에 다른 대안이 없었습니다. 무거운 대포를 이동시키기도 사실상 불가능했습니다.

실제로 1453년 오스만 투르크 제국이 비잔틴 제국의 수도 콘스탄티노플을 공격할 때도 대포를 본국에서 가져온 것이 아니라 콘스탄티노플 앞에 용광로를 만들어 직접 주조했다고 합니다. 그러던 중 영국이 유럽에서 처음으로 제대로 된 철제 대포를 만들었습니다. 영국의 서식스 지역의 광산에서 채굴된 철광석 안에 인이 포함되어 있었는데, 이 인이 대포의 내구성과 효율성을 향상시킨 것입니다. 게다가 서식스 장인의 제철 기술 또한 훌륭했습니다.

영국은 참 운이 좋은 나라 같습니다. 영국 해군이 왜 강했는지 이유가 밝혀진 셈입니다. 배에 대포를, 그것도 매우 싼 값에 생산된 튼튼한 철제 대포로 무장하니 주변국의 해군을 압도할 수밖에 없죠.

물론 대포를 배에 장착하기도 쉽지 않았습니다. 갑판 위에 대포를 올려놓고 쏘면 되지 않느냐고 생각할지 모르지만, 그렇게 하면 배의 균형이 깨져서 자칫하면 뒤집힐 수 있거든요. 이런 일을 방지하기 위해서는 대포를 흘수선(선체가 물에 잠기는 부분과 물에 뜨는 부분의 경계선)에 두어야 합니다. 결국 배 안에서 포를 발사해야 하는데 이렇게 하려면 선체 양면에 방수 처리를 한 포문을 내야 하는 어려움이 있습니다.

또 다른 문제점은 배 안에서 대포를 발사하면 포탄이 발사되는 힘과 같은 크기의 강한 반동이 일어나는데, 이 힘을 잘 처리하지 못할 경우 몇 번 포를 쏘면 배가 부서지게 된다는 것입니다. 이 문제를 해결한 장치가 바퀴를 달아 충격을 완화시키는 발사대였습니다.

영국이 철제 대포로 무장해 바다를 호령하기 시작하자 유럽의 다른 나라도 일제히 경쟁에 뛰어듭니다. 영국 대포의 강력한 경쟁자로 등장한 나라는 스웨덴이었습니다. 스웨덴은 지리적으로나 종교적으로 영국과 가깝기에 영국의 대포 장인을 스카우트하기도 쉬웠고, 거대한 삼림도 보유하고 있어 강점이 많았습니다. 특히 영국의 숲이 남벌로 망가지면서 '철강 생산 능력'이 약화되었던 것도 스웨덴제 주철 대포가 성장한 배경이 되었습니다.

이렇게 축적된 스웨덴 기술의 집약체가 1629년 개발된 경량의 연발 발사 대포, 레예멘츠스튀케Regementsstycke입니다. 이 대포는 123킬로그램에 불과하므로 기동성이 뛰어나면서도 화승총 사수가 한 발 쏘는 동안 무려 세 발을 발사할 수 있을 정도로 조작도 쉬웠습니다. 그리고 이 대포는 곧이어 벌어진 30년 전쟁에서 스웨덴군의 연전연승 원인으로 작용합니다.

여기서 잠깐 30년 전쟁을 설명하자면, 구교와 신교의 세력이 독일에서 충돌한 전쟁입니다. 사실상 최초의 국제전이었고 1800년대까지 독일이 유럽의 후진국이 된 이유를 제공했죠. 구교를 믿는 독일의 영주 편에 당시 유럽 최고의 강국 오스트리아 제국이 가세했고, 신교를 믿는 영주 편에는 스웨덴과 영국, 프랑스가 가세했습니다. 루이 14세 치하의 프랑스는 구교를 믿던 나라였지만, 강력한 경쟁자였던 오스트리아의 영향력이 확대되자 신교 편에 가세하는 막장 짓을 벌입니다.

1453년 콘스탄티노플 공성전에는 대포를 이동시킬 수 없어 성벽 앞에서 주조했었는데, 단 200년도 지나기 전에 이렇게 말이 끌어 이동할 수 있는 경량의 대포를 만들어낸 것을 보면 얼마나 유럽인이 치열하게 경쟁하고 노력했는지 알 수 있죠. 프랑스를 제외하고는 큰 평야 없이 수많은 산맥으로 나뉘어 치열하게 경쟁하는 유럽의 지리적, 정치적 지형이 혁신을 이끈 원동력이 아니었을까요.

| 레예멘츠스튀케 ©Armemuseum

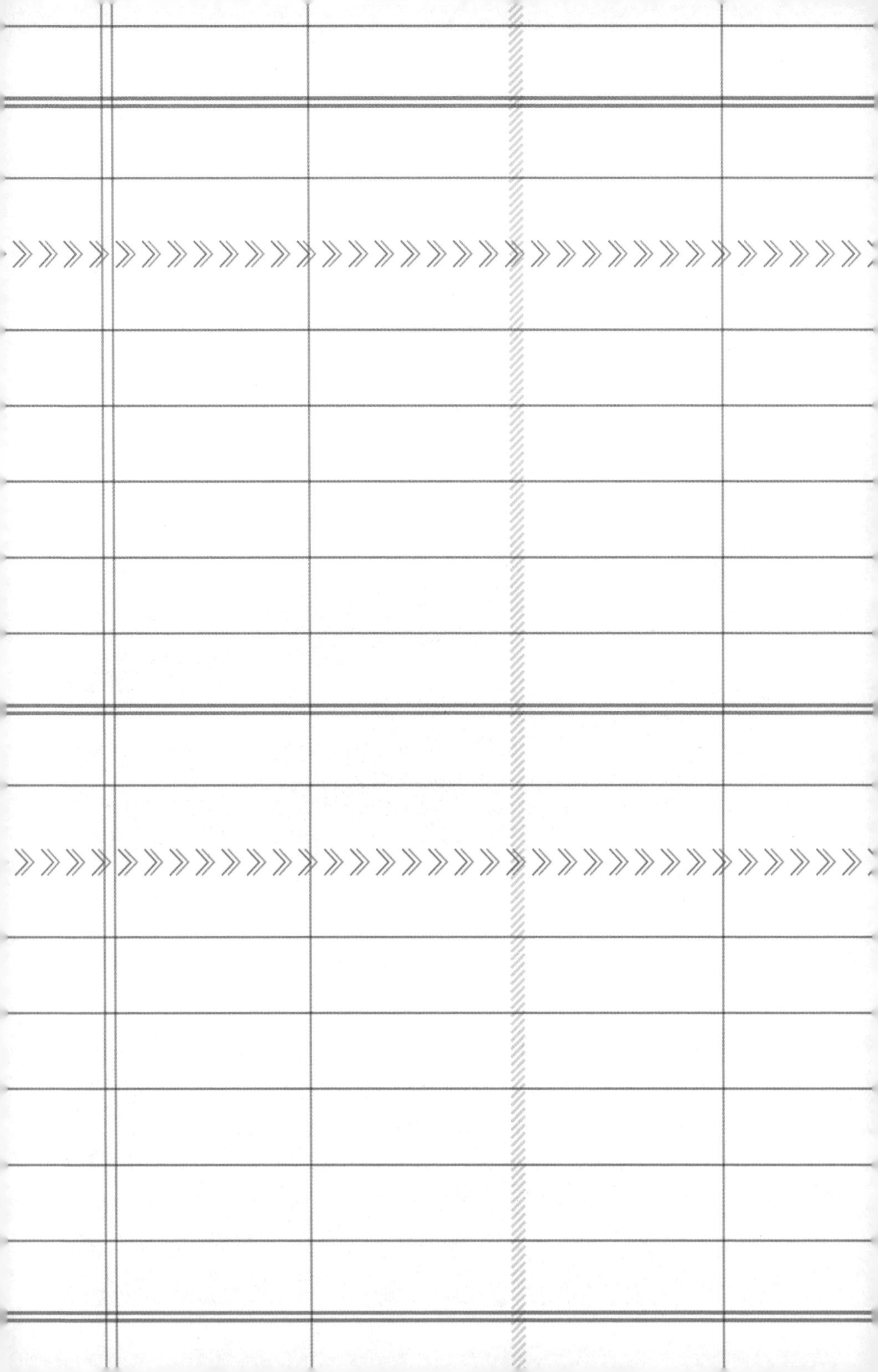

여섯 번째 이야기

왜 산업혁명은 영국에서 시작되었나요?

"중국에서 화약이 처음 발명되고,
고려의 최무선 장군이 이끄는 함대가
진포에서 왜구를 쳐부술 때도
엄청난 성과를 올렸잖아요.
그런데 왜 대포의 성능 향상이나
산업혁명은 유럽에서 이뤄졌어요?"

왜 유럽에서 그렇게 많은 전쟁이 일어났는지 설명하자, 채훈이가 바로 질문을 던집니다.

"중국에서 화약이 처음 발명되고, 고려의 최무선 장군이 이끄는 함대가 진포에서 왜구를 쳐부술 때도 엄청난 성과를 올렸잖아요. 그런데 왜 대포의 성능 향상이나 산업혁명은 유럽에서 이뤄졌어요?"

역시 피는 못 속입니다. 채훈이의 질문은 제 일생의 화두와 이어져 있습니다. 제가 역사학과를 진학한 이유가 이 의문을 풀기 위함이었죠. 30년 동안 꾸준히 공부한 결과 세 가지 원인에서 찾을 수 있을 것 같습니다.

먼저 지리적 환경의 차이를 들 수 있습니다. 통일과 경쟁의 관

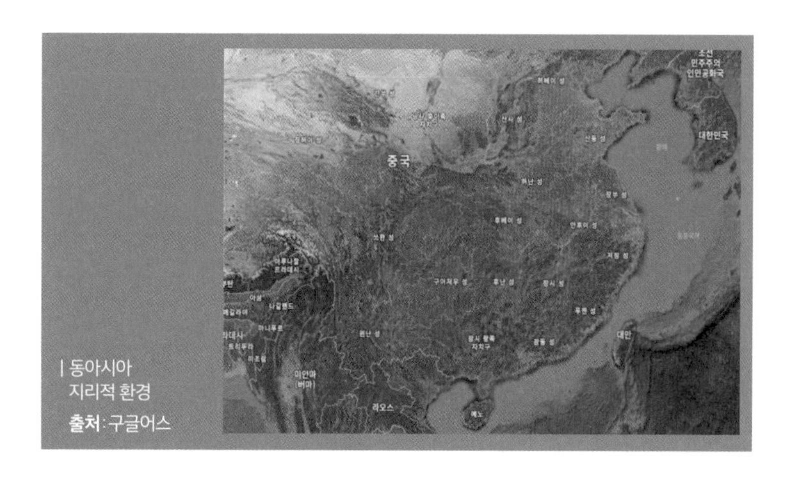

| 동아시아 지리적 환경
출처: 구글어스

계 때문입니다. 앞에서 유럽이 발전한 이유로 고만고만한 나라들이 끊임없이 갈등하고 경쟁했기 때문이라고 지적했는데, 중국은 반대로 통일 국가의 출현 가능성이 높은 곳이었습니다. 앞의 지도는 중국을 중심으로 한 동아시아의 지리적 환경을 보여주는데, 몽고 초원부터 중국 북부의 황허黃河 유역까지 특별한 지리적 장애물이 없는 것을 알 수 있죠.

물론 화이허淮河와 양쯔강揚子江 주변은 다른 풍경이 펼쳐집니다. 예전 펀드매니저로 일할 때 상하이에 있는 전자회사를 방문한 적 있습니다. 기업을 방문해 이것저것 묻고 나니 담당자가 양쯔강을 구경하자고 제안하더군요. 처음에는 한강이나 양쯔강이나 비슷하리라 생각했다가 벌어진 입을 다물지 못했습니다. 양쯔강은 건너편이 전혀 보이지 않는 거대한 물의 바다였거든요. 북방에서 내려온 기마병에게 양쯔강은 어떻게 해볼 수 없는 천연의 방벽이었습니다.

그러나 북방 민족이 양쯔강 이남 지역을 침입할 통로가 한 곳 있었습니다. 양양襄陽을 비롯한 양쯔강 중류 지역입니다. 이 지역은 그나마 강을 쉽게 건널 수 있어 양양성을 장악하면 강을 따라 상하이로 일사천리로 공격할 수 있습니다. 김용의 소설 〈영웅문〉에서 몽고군이 남하하는 통로는 항상 양양성이었습니다. 소설을 읽을 때 이게 너무 궁금했었는데 다른 진격로가 없었던 셈입니다.

중국 북부는 평지라 유목 민족의 침략이 잦고, 대부분의 왕조가 북방 민족에 의해 세워지다 보니 중국은 해양 진출에 많은 자원을 투입하기 어려웠습니다.

역설적으로 북방의 이민족에게 황허 유역의 영토를 잃었던 송나라 때가 가장 강한 해군력을 가지고 있었다고 할 수 있습니다. 실제로 당시가 국제 교역의 황금기였습니다. 송나라 때 형성된 중국 해군력의 상징이 정화(鄭和)의 대원정입니다. 1405년 난징에서 스리랑카로 항해한 명나라 정화 제독의 함대는 300척에 달하는 배와 2만 7천 명의 선원이 동원되었다고 합니다. 특히 배의 크기나

| 정화의 함대, 17세기 초의 목판화. 주 함선은 길이가 120미터에 달하는 대형 선박이었다.

방수 구획실, 정교한 신호 장치 등 당시 세계 최고 수준의 기술력을 자랑했다고 기록되어 있습니다.

반면 1492년 콜럼버스의 함대는 3척의 배에 단 90명의 선원을 이끌었을 뿐입니다. 게다가 그가 이끈 가장 큰 배도 정화가 이끈 배의 배수량의 30분의 1에도 미치지 못했죠. 물론 어디까지나 중국 문헌에 의한 것이니 어느 정도 과장은 있으리라 생각합니다.

| 콜럼버스의 3척의 함선. 핀타, 니냐, 산타마리아.

그러나 영락제의 손자인 선덕제가 정화의 원정을 중지시키는 한편 남경에 있는 조선소를 폐쇄함으로써 대원정의 막이 내립니다. 같은 시기 포르투갈의 엔리케 왕자는 탐험을 지속적으로 후원하여 1420년 마데이라 제도를 발견한 데 이어 1482년 콩고 강까지 이르렀습니다.

당시 중국이 대원정을 중단하지 않았다면 포르투갈의 함대가 그토록 쉽게 인도양을 제패하고, 나아가 인도와 말라카 해협 등 핵심 지역에 군사 기지를 마련하지 못했을 것입니다. 그럼 왜 선덕제는 해양 원정을 중단했을까요?

일각에서는 주자학을 믿는 고리타분한 유학자들의 반대 때문이었다고 한탄하기도 합니다. 그러나 미국의 역사학자 에릭 밀란츠Eric Mielants는 끊임없는 북방 민족의 위협 때문에 더 이상 대원정에 쓸 돈이 없었기 때문이라고 지적합니다.[13]

정화의 대원정이 중단된 데는 두 가지 요인이 있다고 생각합니다.

첫째는 중국이 인도양까지 머나먼 항해를 했지만 경제적으로 큰 이익이 없었습니다. 막상 도착해 보니 중국보다 발전된 사회도 없고, 중국인이 좋아하는 상품도 없었습니다. 군사적 성공을 뒷받침할 경제적 이익이 없으니 자연히 막대한 비용 부담만 제기되었던 것이죠.

둘째는 북방 유목민과의 전쟁 가능성이 높아진 시기였습니다. 1433년 정화의 마지막 7차 원정이 끝난 지 얼마 지나지 않은 1449년 몽골 계통의 오이라트족과의 전투 도중 명나라의 정통제가 포로로 사로잡히는 이른바 '토목보의 변'이 발생했습니다. 가장 직접적인 원인은 어리석은 황제가 직접 전투에 참여하는 과정에서 여러 가지 군사적인 실책을 저질렀기 때문이지만, 황제가 포로가 될 정도로 당시 유목 민족의 세력이 강성했던 것도 큰 영향을 미쳤을 것입니다.

결국 명나라는 서양의 인도양 진출을 충분히 견제할 능력이 있었지만 북방 민족의 계속되는 침입에 대비하느라 발이 묶이고 말았습니다. 반면 유럽은 러시아 대평원을 거쳐 훈족이나 마자르족 같은 기마 민족이 침략해왔지만, 독일과 오스트리아의 구릉지에서 저지할 수 있었습니다. 특히 13세기 바투가 이끄는 몽고군의 침입 때도 독일과 폴란드 기사단이 참패를 당하기는 했지만, 몽고에게 복속당하는 일은 피할 수 있었죠.

지리적 환경 이외에 유럽, 특히 영국의 세계 제패를 이끈 두 번째 요인은 바로 제도입니다. 여기서 제도는 주로 '재산권'과 관련한 사회 시스템을 의미합니다. 제도와 경제 성장에 대한 인상적인 연구 한 편을 소개합니다.

1989년 노벨경제학상 수상자인 더글러스 노스와 배리 웨인게스트는 경제사 저널에 실은 논문을 통해 명예혁명(1688년)이 영국의 경제 성장에 어떤 영향을 미쳤는지 분석합니다. 그들은 이 논문에서 명예혁명이 국왕의 자의적인 재산권 강탈을 막음으로써 영국 경제 발전의 기틀을 세웠다고 주장합니다. 명예혁명 이전 영국 왕실은 재정 적자 문제를 해결하기 위해 세금을 올린다거나 돈을 받고 특허권이나 귀족 작위를 마구 발행합니다. 혹은 은행가들에게 돈을 빌려놓고 갚지 않는 일을 반복합니다.

청교도혁명은 왕실의 자의적인 재산권 침해에 대한 대응으로 일어난 사건이었습니다. 하지만 왕정복고 이후 새로 들어온 왕조는 이러한 문제를 개선하기는커녕 더욱 심하게 재산권을 침해합니다. 결국 1688년 명예혁명으로 두 번째로 왕을 내쫓은 뒤 영국 의회는 네덜란드에서 왕을 '수입'합니다. 그리고 '권리장전'을 통해 왕에게서 더 이상 재산권을 자의적으로 침해하지 않는다는 약속을 받아냅니다.

노스와 웨인게스트가 강조하는 것은 두 번에 걸친 혁명을 통해 영국 왕실은 의회의 위협, 즉 재산권을 위협할 경우 의회가 왕을 내쫓을 수 있음을 현실로 받아들였다는 점입니다. 그 결과 영국에서는 왕실이 더 이상 의회의 동의 없이 국민의 재산권에 영향을 미칠 수 없게 되었습니다.

이러한 변화는 장기투자의 영역에서 큰 영향을 미칩니다. 대표적인 변화가 명예혁명 이후 영국 국채 이자율이 큰 폭으로 하락한 것입니다. 왕이 돈을 빌려놓고 갚지 않을 위험이 사라졌으므로 그만큼 리스크 프리미엄이 없어졌기 때문입니다. '리스크 프리미엄'이란 기업이나 나라가 빚을 갚지 않을 것에 대비해 추가로 받으려는 이자를 말합니다.

영국이 강한 해군력을 바탕으로 산업혁명을 주도하는 '금융' 시스템을 만들 수 있었던 것은 재산권 보호에 기반을 둔 좋은 제도를 만들었기 때문입니다. 시드니 호머 등이 쓴 고전, 〈금리의 역사〉에 따르면 18세기 전반 영국 정부가 발행한 국채 수익률은 3.05%까지 떨어졌습니다. 나폴레옹 전쟁이 한창이던 19세기 초에도 3.2% 수준에서 안정되어 기나긴 전쟁을 승리로 이끈 원동력이 되었다고 합니다.

지난 1341년 영국 에드워드 3세가 프랑스와의 백년전쟁에 충당하기 위해 빌린 돈의 금리 부담을 이기지 못하고 지급 불능을 선언했던 것을 돌아보면, 나폴레옹 전쟁에서의 영국의 승리는 '저금리의 승리'입니다.

명나라도 일조편법을 시행하면서 금융 시스템이 발달하고 사유 재산의 보호도 강화되었습니다. 일조편법이란 잡다한 세금을 폐지하고 토지세를 중심으로 한 가지 세목으로 통일하되, 은으로

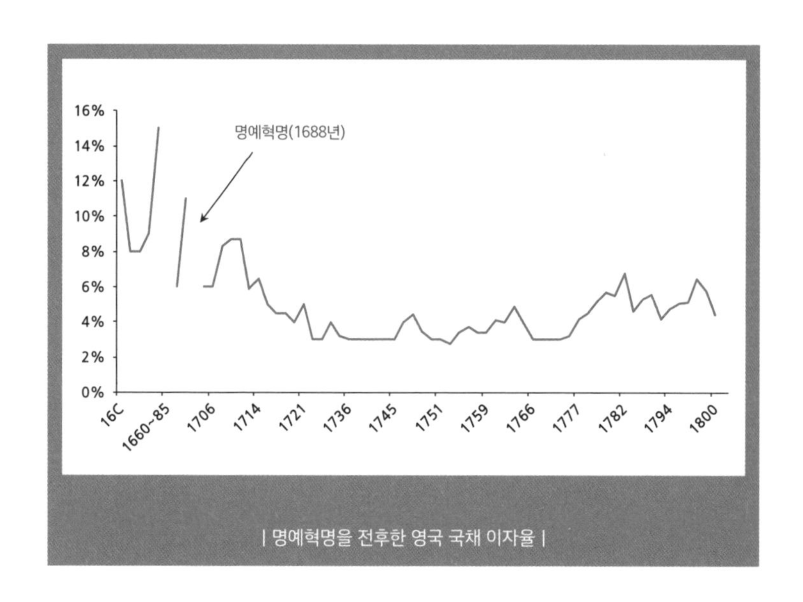

| 명예혁명을 전후한 영국 국채 이자율 |

세금을 납부하는 것을 말합니다. 비단이나 쌀 같은 현물로 세금을 납부하는 것에 비해 운송이 쉬웠고, 가격 변동의 위험이 낮아짐에 따라 안정적인 세금 운영이 가능했습니다.

게다가 민간에서의 화폐 경제가 진전되어 은행 등 다양한 금융 기관이 설립되었고, 비단 산업은 물론 전반적인 내수 산업과 상업이 활성화되었습니다. 비단의 수요가 발생한 것은 유럽 때문이었습니다. 멕시코와 안데스 산맥에서 채굴된 은이 중국에서 비단과 도자기로 교환되고, 다시 중국 본토의 은 공급을 확대시킨 것이죠. 그러나 1644년 명나라가 만주족의 침략으로 무너지고, 가장 부유한 강남 지방이 약탈됨에 따라 재산권 보호와 금융 시스템의 발전은 늦어지고 말았습니다. 당시 만주족도 중국을 완전히 지배할 수 있으리라 생각하지 못했기에 최대한 금은보화를 약탈할 생각뿐이었죠. 결국 지리적인 환경의 차이와 영국의 제도 변화가 동양과 서양의 경로를 엇갈리게 만든 핵심 요인이라 하겠습니다.

마지막으로 유럽과 동양의 운명을 가른 요인은 '농업'이었습니다. 중세까지는 동아시아나 유럽이나 전체 인구의 90% 이상이 농민이었습니다. 그렇지만 두 지역에서 재배되는 작물은 확연히 달랐습니다.

유럽은 밀이 주로 재배된 반면 아시아는 벼가 일반적이었죠. 벼는 밀에 비해 훨씬 수확량이 많습니다. 따라서 같은 면적에 더 많은 인구를 부양할 수 있습니다. 또한 아시아의 벼는 몇 십년간 같은 땅에서 농사를 짓고 2모작이나 3모작이 가능하지만 유럽에서는 같은 땅에서 연이어 농사를 짓지 못합니다. 밀은 지력 고갈이 심한 작물이기 때문입니다.[14]

이렇게 재배 작물의 생산성에 큰 차이가 발생하다 보니 유럽과 중국의 인구 격차가 끝없이 벌어집니다. 19세기 초반 영국의 인구는 1천 2백만 명 남짓했지만 청나라 인구는 4억을 돌파합니다. 토지가 아무리 넓다 하나 인구가 워낙 많으니 1인당 소득이 낮아집니다. 당연히 저축의 여력도 떨어질 수밖에 없죠.

물론 사회 전체의 소득은 증가할 수 있습니다. 왜냐하면 워낙 인건비가 싸니 사람을 투입함으로써 생산을 계속 늘려나갈 수 있거든요. 특히 유럽 사람들이 은을 들고 비단과 차, 면직물을 사러 오니 가계 소득은 늘어납니다.

중국이 아주 적은 생산량 증가를 위해 많은 노동력을 투입하는 동안 영국에서는 전혀 다른 변화가 나타났습니다. 원래 인구가 적고 1인당 소득도 높으니 저축 수준도 높습니다. 이처럼 높은 소득 수준은 '기계' 투자의 저항감을 낮춥니다. 왜냐하면 사람 몸값이 비싸니까 대신 기계를 써서 고용을 절약하는 게 남는 장사가 되기 때문입니다.

옥스퍼드 대학교 로버트 앨런 교수는 왜 영국에서 산업혁명이 일어났는가를 설명하려면, 영국의 발명가들이 많은 시간과 돈을 필요로 하는 기계를 만드는 데 몰두했는지 이해해야 한다고 말합니다. 증기기관을 비롯한 값비싼 기계는 노동을 절약할 수 있었죠. 워낙 영국의 인건비가 비쌌기에 기계는 충분히 값을 했습니다. 반

면 베이징에서는 이익이 나지 않습니다.[15]

중국은 인건비가 싸고 사람도 넘치니까 웬만한 일은 그냥 사람을 쓰는 방향으로 갑니다. 반대로 영국은 사람도 적고 인건비도 비싼 편이니 인건비를 절약하는 종류의 기계를 사용하는 데 거침이 없죠. 특히 영국은 발명 특허권이 잘 발달되어 있어 발명가가 큰돈을 벌 수 있었다는 것도 한몫했습니다.

물론 유럽 국가 간의 치열한 경쟁도 영향을 미쳤습니다. 영국의 산업혁명이 본격화된 시기는 나폴레옹 전쟁이 한창이었던 1800년 전후였습니다. 전쟁에서 승리하기 위해 영국 정부는 어떤 모험적인 기계나 장비도 사용할 자세가 되어 있었죠. 또한 배를 만드는 데 들어가는 돈을 마련할 수 있다면 철로를 놓고 기차역이 생기는 것도 막을 이유가 없었습니다.

이 밖에도 여러 요인이 있습니다. 신대륙 아메리카의 막대한 자원을 마음대로 이용할 수 있었고, 영국에 거대한 석탄 노다지가 묻혀 있었던 것도 영향을 미쳤습니다. 어쩌면 앞에서 이야기했던 세 요인보다 더 중요했을지도 모르겠습니다.

세계 1차 대전 당시
독일과 영프 연합군이 사투를 벌였던
전장 마른에 세워져 있는 기념 성당

일곱 번째 이야기

도시마다 아름다운 성당이 지어진 이유는요?

아빠! 노트르담 대성당을 짓는 공사가

1163년에 시작되어 1345년에야 완공되었다는데

어마어마한 인력과 비용이 들었을 것 같아요.

왜 중세 프랑스 사람은

이런 거대한 건축물을 만들었을까요?

베르사유 궁전을 다녀온 다음 날은 피곤해서 모처럼 늦잠을 잤습니다. 호텔이 있는 생제르맹에서 노트르담 대성당까지 걸어간 다음 오전 10시에 개방되는 성당 옥상을 등산(?)할 계획이었죠. 그러나 기온이 '영하'로 떨어져 옥상을 개방 안 한다는 말을 들으니 기운이 쭉 빠지더군요.

실망했지만 11시에 옥상 개방 여부를 결정한다니 한 가닥 희망을 품고 노트르담 대성당 근처에서 동네 구경도 하고, 다양한 장난감을 파는 매장에서 아이쇼핑도 했습니다. 11시에 맞춰 성당을 다시 찾았는데 우리의 바람과 달리 오늘은 옥상 개방을 안 한답니다. 어쩔 수 없어 노트르담 성당 안에 들어가서 몸을 녹이기로 합니다. 성당도 춥기는 마찬가지였습니다만 천장이 아주 높고 스테인드글라스도 아름다워 아쉬움을 조금이나마 달랠 수 있었습니다. 다시 채훈이의 질문이 시작되었습니다.

"아빠! 노트르담 대성당을 짓는 공사가 1163년에 시작되어 1345년에야 완공되었다는데 어마어마한 인력과 비용이 들었을 것 같아요. 왜 중세 프랑스 사람은 이런 거대한 건축물을 만들었을까요?"

저도 참 궁금합니다. 그래서 또 공부를 합니다. 크게 두 가지 원인 때문이었습니다. 하나는 경쟁, 다른 하나는 우리가 지금 이해하기 어려운 중세의 신앙심입니다. 먼저 경쟁부터 알아보겠습니다.

중세 초기 유럽은 말 그대로 '암흑시대'였습니다. 게르만족이 로마의 영토를 점령한 것까지는 좋았지만 대제국을 경영해 본 적이 없으니 로마의 인프라가 모두 훼손되고 사라졌죠. 특히 심각한 것이 상하수도 문제였습니다. 파리의 도시 계획에서 이야기했듯이 유럽의 강은 하수도를 겸하고 있었기에 너무나 더러웠습니다. 그 결과 전염병이 창궐하는 곳이기도 했습니다. 전염병의 원인도 모르고 또 뚜렷한 치료법도 없다 보니 인구가 늘어날 수 없습니다.

물론 로마 시대에는 상하수도가 분리되어 있었습니다. 로마 남쪽의 폼페이 유적에 가보면 하수관과 상수도가 분리되어 있는 것을 확인할 수 있습니다. 특히 도시 곳곳에 분수를 만들어서 지속적으로 물을 공급했습니다. 물을 공급하기 위해서는 호수나 강 같은 상수원에서 도시로 물을 날라야 하는데 이때 만들어지는 것이 '수도교'입니다.

오른쪽 〈그림〉은 프로방스 지방의 수도교인 퐁 뒤 가르Pont du Gard입니다. 2천 년 전에 만들어졌다는데 얼마나 단단한지 지금도 굳건합니다. 다리의 양쪽 부분이 훼손된 이유는 돌을 가져가서 집을 짓거나 성벽을 쌓는 데 사용해서 그렇다고 하더군요. 퐁 뒤 가르에서 가장 눈에 띄는 특징은 바로 '아치'입니다. 무지개다리처럼 둥글게 만들면 하중이 밑의 기둥으로 분산되기 때문에 아주 튼튼한 건물을 지을 수 있죠. 그래서 '로마네스크' 양식의 건물은 아치 형태를 띱니다.

| 퐁 뒤 가르

고딕 건축과 로마네스크 건축의 차이에 대해서는 뒤에 나오는 '탐구'에서 자세히 다루기로 하고 중세 도시 이야기로 돌아가겠습니다. 게르만족 침입을 전후해 로마 시대에 만들어진 상하수도 시설이 파괴되고 전염병이 발생하는 바람에 로마의 도시는 이제 사람이 살 수 없는 곳이 되었습니다. 로마의 콜로세움조차 중세 시대에는 쓰레기 하치장이었다고 합니다.

이런 까닭에 중세 초기에는 대도시가 존재하지 않습니다. 샹파뉴 지방 이야기에서 언급했듯 도로 곳곳이 도적 떼로 막혀 있어서 도시에 식량을 공급해줄 사람도 없었죠. 당연히 성당이나 종탑 같은 건물을 지을 사람과 재력이 없었습니다. 그러던 중 11세기부터 조금씩 여건이 개선됩니다. 도시가 성장하기 시작한 것입니다. 초기의 중세 도시가 종교와 군사의 중심지였다면 이제는 경제적 기능을 갖춘 도시로 발전합니다.

육로 교통이 원활하지 않았던 당시에 강이나 바다를 끼고 도시가 발생한 것은 당연한 일입니다. 10세기까지만 해도 영주들은 도시에 배타적이었습니다. 사람이 모이면 사건도 많이 터지고, 부를 축적한 상인이 자신의 지위를 위협할 수 있다고 여겼기 때문이죠. 그러나 점점 사회가 안정되면서 봉건 영주들도 도시의 중요성을 깨닫습니다. 시장이 활성화되고 먼 곳에서 상인이 찾아오면서 통행세와 다른 조세 징수를 통해 큰 부를 축적할 수 있었거든요.

이리하여 10세기부터 '성'이 '시장'으로 변해 갑니다. 외부의 적을 방어할 수 있는 성벽 안쪽으로 상인과 수공업자가 이주하고, 이들에게서 걷는 세금으로 봉건 귀족은 사치스러운 생활을 유지할 수 있었으니 이른바 '윈-윈'이었던 셈입니다.

이처럼 많은 도시가 봉건 영주의 애완견처럼 성장해 나갔지만, 도시는 곧 자신을 압박하는 귀족의 '끈'을 끊기 위해 몸부림치며 자치를 요구하기 시작했습니다. 1070년 이러한 시도 끝에 태어난 첫 번째 자유 도시는 르망Le Mans이었습니다. 물론 쉽지 않았습니다. 각 도시의 영주와 주교는 자유를 얻기 원하는 상인 조합과 자치 조직을 무시하고 와해시키기 위해 노력했습니다.

그렇지만 프랑스 국왕은 도시에 전혀 다른 태도를 보였습니다. 특히 루이 6세는 랑, 보베, 누아용, 수아송, 랭스 등 많은 도시에 자유를 보장하는 '특허장'을 인정해준 덕택으로 '도시의 아버지'로 불렸습니다. 왕의 입장에서는 봉건 귀족의 힘을 억누를 수 있고, 직접 세금을 받을 수 있는 자유 도시의 존재가 무척 소중했을 것입니다.

자유 도시는 봉건 영주에게 돈을 더 이상 바치지 않아도 되기에 점점 여윳돈이 쌓이기 시작했습니다. 특히 12세기부터 시작된 경기 호황은 유럽 도시의 '성당' 건립 경쟁을 유발했습니다. 성공한 기업이 사옥을 근사하게 지어 올리는 것처럼 부유해진 도시는 그들의 성공을 기념하고, 다른 지역 상인에게 그들의 도시가 얼마나 번창하고 돈을 벌 기회가 많은지 알리기 위해서라도 점점 더 높은 성당을 짓기 시작했습니다. 성당의 높은 탑은 멀리서 찾아오는 상인을 위한 일종의 '등대' 역할을 했던 셈입니다.

경제 호황이 12세기에 찾아온 이유는 십자군 전쟁 때문이었습니다. 후진적이었던 유럽 사람이 선진 이슬람 문화를 접촉한 것은 엄청난 충격이었습니다. 십자군 원정 이후 유럽 사람은 대수학, 광학, 화학 지식을 습득했는데 이는 대성당을 짓는 기초 토대를 제공했습니다.

흔히들 역사 교과서에서는 유럽이 중세를 거치면서 고대 그리스 로마의 고전을 잃어버렸다가 십자군 전쟁 이후 되찾았다고 합니다. 많은 고전이 이슬람권에 잘 보존되어 있었기 때문이라는 식의 설명이죠. 그러나 이것은 역사를 너무 피상적으로 바라보는 시각입니다.

십자군 전쟁 이후 르네상스 시기까지 유럽이 되찾은 고대 그리스 로마의 고전은 원래 그대로의 것이 아니었습니다. 거기에 인도와 아랍 문명이 자신들의 철학과 과학, 모든 지적 노력을 더해 재

해석한 한층 업그레이드된 결과물이라고 봐야겠죠.

선진 문화를 접한 것 못지않게 중요한 부분은 동서 무역의 촉진이었습니다. 수천, 수만에 달하는 십자군이 예루살렘을 향해 진격하자 이들에게 식량을 수송하는 이탈리아의 도시 국가는 일대 호경기를 누렸고, 유럽인이 세운 예루살렘 왕국을 향해 한 해에도 수백 척의 배가 출항하다 보니 자연스럽게 '정기 항로'가 생겨났습니다. 〈바다의 도시 이야기〉에서 시오노 나나미는 베네치아와 지중해 동부를 연쇄적으로 연결한 바닷길을 고속도로와 비교합니다.[16]

물론 비잔틴 제국이 멸망한 뒤 세워진 라틴 제국은 얼마 버티지 못했습니다만 십자군 전쟁 이후 동서 교역은 끊이지 않았습니다.

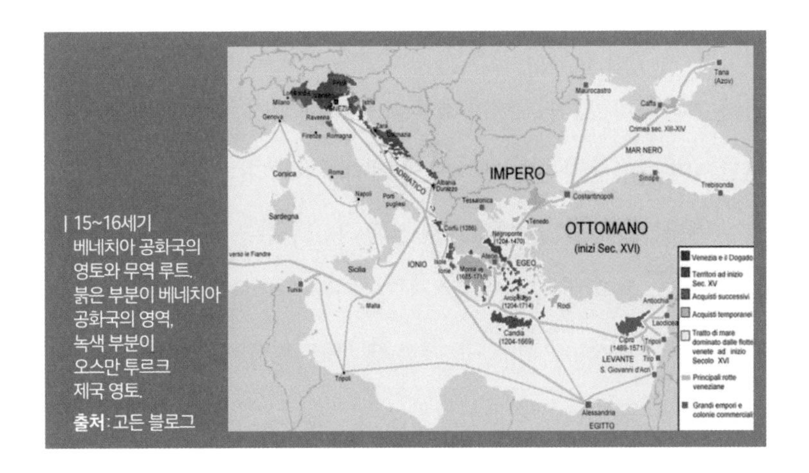

| 15~16세기 베네치아 공화국의 영토와 무역 루트. 붉은 부분이 베네치아 공화국의 영역, 녹색 부분이 오스만 투르크 제국 영토.
출처: 고든 블로그

십자군 전쟁을 전후해 유럽의 성당 건설이 경쟁적으로 이어진 또 다른 이유는 '성유물聖遺物' 신앙입니다. 예수님과 성모 마리아, 그리고 여러 성인이 쌓은 공덕이 차고 넘치니 이를 교회가 적절히 사람들에게 배분할 수 있다는 게 성유물 신앙의 틀이라 할 수 있습니다.

예수님과 성인의 공덕을 나누어 가지기 위해서는 구체적인 방식이 마련되어야 합니다. 바로 여기에 필요한 것이 성유물입니다. 예수와 마리아가 승천했고 성인들도 이미 우리 곁을 떠났으므로 직접 그들을 만날 수는 없지만 그래도 이 세상에 그들이 남긴 흔적이 있다는 이야기죠. 그들의 사체, 그들이 생전 몸에 갖고 있던 물품 같은 것이 성스러운 힘을 지니고 있어 기적을 일으킨다는 믿음입니다. 실제로 유명한 교회나 대귀족은 성유물 수집에 온 힘을 쏟았다고 합니다. 그리고 이런 성유물 중에서 가장 유명한 것이 파리 노트르담 대성당에 있는 예수님의 가시관입니다.

〈마태복음〉 제27장 제28~30절에 다음과 같은 대목이 나옵니다.

"그의 옷을 벗기고 홍포를 입히며 가시관을 엮어 그 머리에 씌우고 갈대를 그 오른손에 들리고 그 곁에서 무릎을

꿇고 희롱하여 이르되 유대인의 왕이여 편안할지어다 하며 그에게 침 뱉고 갈대를 빼앗아 그의 머리를 치더라."

이처럼 성경에는 예수가 십자가형을 당할 때 로마 병사들이 그의 머리에 가시관을 엮어 씌웠다는 기록이 나옵니다. 가시가 머리를 찌르는 고통을 가함과 동시에 예수가 왕이라는 주장에 모욕을 주는 의미였다고 합니다. 그런데 예수님이 쓴 가시관은 이후 어떻게 되었을까요?

이에 대해 프랑스 가톨릭 교회는 놀라운 주장을 펼칩니다. 예수의 가시관이 실물 그대로 파리의 노트르담 대성당에 보존되어 신자들에게 공경의 대상이 되고 있다는 것입니다. 그리고 가시관에 있는 가시의 일부분은 유럽 여러 지역에 선사되었고, 그중 하나가 런던의 대영박물관에 보존되어 있다고 합니다.

| 예수님의 가시관

그럼 어떻게 해서 예수님의 가시관이 파리까지 오게 되었을까요?

프랑스 국왕 루이 9세는 라틴 제국 황제인 보두앵 2세에게서 예수 십자가의 일부분과 가시관을 13만 5천 리브르라는 거액을 주고 구입해서 파리 중심부의 시테 섬에 생트샤펠 성당을 지어 안치했다고 서울대학교 주경철 교수는 그의 책 〈모험과 교류의 문명사〉에서 설명합니다.[17]

이제 대성당이 만들어진 이유로 성유물을 거론하는지 이유를 아시겠죠? 예수님의 가시관을 습득했는데 이걸 아무 곳에 둘 수 없죠. 예수님을 모시기에 가장 좋은 곳, 바로 성당을 지어서 모시고, 전 유럽의 기독교 신자가 '성유물'을 뵙는 은총을 누리게 하자는 아이디어를 떠올린 것입니다. 아마 루이 9세는 예수 수난의 증거를 모신 생트샤펠 성당이 곧 솔로몬의 궁전이고, 파리는 제2의 예루살렘이라고, 그리고 이교도에게 빼앗긴 예루살렘이 아닌 파리로 성지순례 여행을 오는 게 당연하다고 생각했을 겁니다.

이런 중요한 성유물이 있는 성당은 중세 시대 '성지순례' 여행의 대상이 됩니다. 프랑스 남부에서 스페인 북서부까지 이어지는 이른바 '산티아고Santiago 순례길'도 중세의 이름 높은 성지순례 코스였습니다. 산티아고란 예수의 열두 제자 중의 한 사람인 야고보 성인을 의미합니다. 정확한 명칭인 '산티아고 데 콤포스텔라'는 우

| 생트샤펠 성당
©David McSpadden by Wikimedia Commons

리말로 '별빛 들판의 성 야고보'라는 뜻으로, 야고보의 시신을 발견한 사람이 신의 계시를 받아 별빛이 비추는 들판을 따라 걸었기 때문에 붙여진 이름입니다.

예수님이 십자가에 처형된 후 야고보는 복음을 전하기 위해 예루살렘에서 스페인 북부 갈리시아 지방까지 걸어왔다는 전설이 있습니다. 물론 야고보 성인은 예루살렘에서 순교합니다만, 그의 시신은 스페인 북부 해안의 지금의 산티아고에 묻혔다고 합니다. 특히 9세기 초 어느 순례자가 야고보 성인의 유물을 발견했는데, 몇 년 뒤 알폰소 2세가 성당을 짓고 그를 스페인의 수호성인으로 모셨습니다.

이후 유럽 기독교 사회에서는 산티아고로의 성지순례가 유행했습니다. 특히 1189년 교황 알렉산더 3세가 성당이 있는 산티아고 데 콤포스텔라를 로마, 예루살렘과 함께 성스러운 도시로 선포함에 따라 산티아고는 기독교 3대 성지의 한 곳이 되었습니다. 11세기와 12세기에 순례자가 급증하면서 교회와 순례자 숙소가 생겨나기 시작했고, 프랑스 수도자에 의해 최초로 순례자 가이드북이 나오기도 했습니다. 그중에서도 에메릭 피코Aymeric Picaud라는 수도사가 쓴 〈칼릭스티누스 고사본〉이 유명한데, 이 책에는 순례길 곳곳의 숙소뿐 아니라 식당에 대해서도 상세하게 적혀 있어서 중세판 미쉐린 가이드라고 불리기도 합니다.

참고로 로마에는 12제자의 수좌인 베드로 성인의 유물이, 베네치아에는 4대 복음서의 저자 중 한 사람인 성 마르코의 유물이 있습니다. 이렇게 경쟁 도시에 성인의 유물이 존재하는데, 파리에는 생드니 성인의 유물밖에 없었던 것이 못내 아쉬웠겠죠. 그러던 차에 라틴 제국의 왕이 예수님의 가시관을 팔겠다고 하니 루이 9세가 얼마나 기뻐했을지 짐작됩니다.

예수님의 가시관은 지금 노트르담 대성당 수장고에 보관 중입니다. 원래는 생트샤펠 성당에 모셨지만, 프랑스 대혁명 때 '프랑스 왕의 성당'이었던 생트샤펠 성당에서 '성모 마리아를 위해 지어진' 노트르담 대성당으로 옮겨왔다고 합니다. 가장 최근에 공개된 것이 2014년 3월이기에 우리가 여행할 때는 볼 수 없었답니다.

탐구 | 로마네스크 양식 대 고딕 양식

노트르담 대성당은 참 인상적이었습니다. 특히 파이프오르간 소리는 너무 좋았습니다. 그리고 스테인드글라스도 멋지더군요. 그런데 남프랑스를 여행하면서 만난 성당의 내외관은 노트르담 대성당이랑 다른 경우가 많았습니다.

그래서 중세 시대에 지어진 성당의 건축 스타일과 양식을 알아보았습니다. 크게 로마네스크 양식과 고딕 양식으로 구분되더군요.

구분 방법은 의외로 간단합니다. 스테인드글라스가 화려하게 만들어져 있으면 고딕 양식 성당, 반대로 창이 좁고 벽이 두꺼워 보이면 로마네스크 양식 성당으로 보면 됩니다.

고딕 성당은 창이 크고 천장이 높은 건물로 수직으로 쭉 뻗은 느낌을 줍니다. 그러하기에 파이프오르간 등 악기를 연주하고 찬송가를 부르기에 좋은 구조를 가지고 있습니다. 왜냐하면 초기 교회 건축은 천장이 목재로 되어 있어서 소리를 흡수하는 정도가 컸습니다. 대부분의 소리를 건물이 먹어 버렸다고 할까요. 그러나 석재로 만들어진 뾰족한 천장을 가진 고딕 성당은 전혀 다릅니다. 성당 자체가 커다란 울림통이 되어 탁월한 음향 효과를 만들어냅니다.

처음부터 프랑스 사람이 이런 기술력을 가진 것은 아니었습니다. 시작은 로마네스크 양식에서 비롯되었습니다. 로마네스크 양식의 특징은 한마디로 '아치'입니다. 로마인이 만든 콜로세움이나 판테온이 아치를 활용해 지은 대표적인 건물입니다.

로마인이 만든 이 기술을 받아들여 지은 성당 건물 양식이 로마네스크입니다. 몽생미셸의 생미셸 수도원이 대표적인 예입니다. 몽생미셸은 노르망디 해안에 있는 작은 바위섬으로 전체가 수도원으로 이루어져 있습니다. 원래 이 섬은 세속에서 멀리 떨어지고 싶어 했던 수도사들이 모여 사는 곳이었습니다. 그런데 노르만족이 이곳을 점령해 요새로 만들어 버렸죠. 그리고 생미셸 수도원을 지은 것도 노르만족이었습니다. 야만족이었던 노르만 사람도 점점 기술이 발달하면서 유럽 대륙 곳곳에서 지어지던 로마네스크 양식을 적극적으로 받아들였기에 가능했습니다.

로마네스크 양식에서는 돌처럼 무거운 재료로 높은 건축물을 짓기가 어렵습니다. 그래서 고안한 방법이 아치와 2층 회랑입니다. 오른쪽 〈그림〉에서 보이는 것처럼 기둥과 기둥 사이를 아치의 뼈

| 몽생미셸

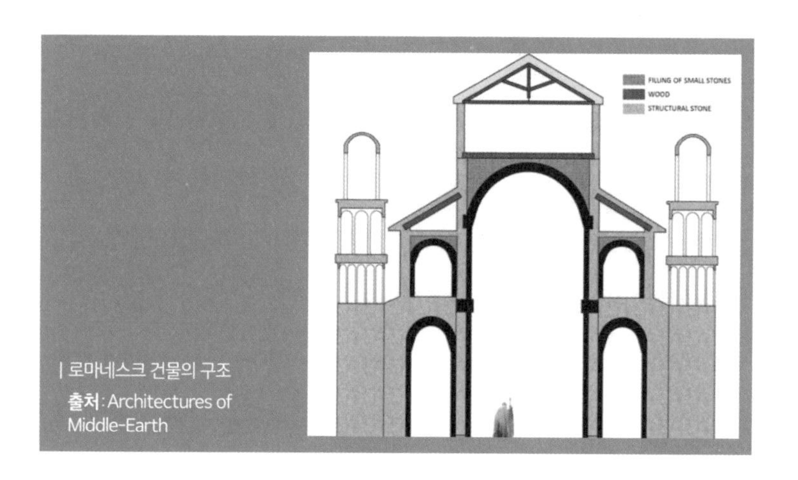

| 로마네스크 건물의 구조
출처: Architectures of Middle-Earth

대로 연결해서 무게를 버티게 했고, 회랑을 2층으로 만들었어요. 이렇게 회랑을 2층으로 쌓아올리면 아치를 더 많이 활용하여 석조 건축을 지탱할 수 있지만 한 가지 문제가 있습니다. 건물의 2층에 낸 창문이 막혀 버린다는 거죠. 그래서 로마네스크 성당 안에 들어가 보면 실내가 어둡습니다.[18]

왜냐하면 벽이 두꺼워졌기 때문입니다. 무지개다리처럼 지붕을 둥글게 돔을 만들어서 넓은 내부 공간을 만들어내는 데는 성공했습니다만, 돔이 커질수록 점점 더 힘이 아래로 내려오는 문제가 생깁니다. 물론 수직 방향으로만 힘이 작용하면 아무 문제없지만 옆으로도 힘(추력)이 발생합니다. 그래서 돔을 지지하는 벽은 사다리꼴 모양으로 밑으로 내려갈수록 점점 더 두꺼워지죠.

로마네스크 양식의 성당은 단점이 있음에도 전 유럽에 퍼집니다. 그러나 이에 만족하지 않은 프랑스와 영국 사람은 12세기에 고딕 양식을 개발하기에 이릅니다.

처음 고딕 양식의 성당에 들어서면 순간 말을 잃습니다. 일단 높이에 놀랍니다. 노트르담 대성당의 경우 천장 높이가 36미터나 되는데 대략 10층 건물 높이와 같습니다. 이 공간이 중간에 층이 나뉘거나 막히지 않고 하나로 이어지면서 하늘을 향하고 있죠. 쭉쭉 뻗은 기둥과 끝이 뾰족한 아치도 모두 하늘을 향해 솟아올라서 실제보다 훨씬 높아 보입니다. 철저히 위로만 향하는 고딕 성당의

| 노트르담 대성당의 내부 모습

수직적 상승감은 고층 건물에 익숙한 저의 눈에도 놀라울 정도였습니다. 그러니 중세 사람에게는 훨씬 대단하게 느껴졌겠죠. 어떻게 프랑스 사람은 저렇게 높은 건물을, 또 내부를 밝게 만들 수 있었을까요?

고딕 양식은 둥근 형태의 아치가 아닌, 뾰족한 형태의 아치를 만듦으로써 양 옆으로 가해지는 힘을 어느 정도 완화시켜 큰 창을 낼 수 있었었습니다. 그러나 완벽하게 추력을 해소할 수 없어 공중부벽이라는 새로운 기술이 필요했습니다.

공중부벽, 즉 플라잉 버트레스는 고딕 성당을 밖에서 보았을 때 가장 눈에 띄는 부분이라 할 수 있습니다. 다음 〈그림〉에서 어디가 공중부벽일까요? 〈그림〉에서 건물을 지지하는 지지대가 바로 공중부벽입니다.

부벽은 말 그대로 '지지해주는 벽'이라는 뜻으로, 천장의 무게를 지탱하는 기둥과 벽이 바깥쪽으로 밀려 쓰러지는 것을 막아 안쪽으로 밀어주는 역할을 합니다. 부벽은 벽과 천장의 뼈대가 만나는 지점까지 덧붙입니다. 그리고 1층의 부벽을 2층 높이까지 연장해서 부벽과 2층 벽면을 마치 허공에 떠 있는 다리 같은 공중부벽으로 연결시키는 겁니다. 이렇게 되면 1층에서도 2층의 벽을 보호해줄 수 있게 되지요.

| 노트르담 대성당 구조 모습

이런 혁신이 하루아침에 이뤄진 것은 아닙니다. 건축 기술의 발달과 이슬람을 통해 유입된 과학기술 등이 합쳐진 중세 기술의 총체입니다.

물론 요즘은 저렇게 건물을 지을 필요가 없습니다. 콘크리트와 철근, 혹은 철골조의 결합은 돔을 만들지 않고도 내부 공간을 넓게 만들 수 있으니까요. 또한 돔을 지지하는 데 철 구조를 활용하면 더 크고 넓은 실내 공간을 만들 수 있습니다. 당장 인천공항을 가보면 그 넓은 공간이 기둥 하나 없이 만들어졌음을 알 수 있습니다.

하지만 튼튼한 강철을 생산할 능력이 없던 중세 사람에게 고딕 성당은 기술 혁신의 상징이었습니다. 신앙심, 기술 발전, 경제

력의 축적이 만들어낸 기적인 고딕 성당을 볼 때마다 경외감마저 듭니다.

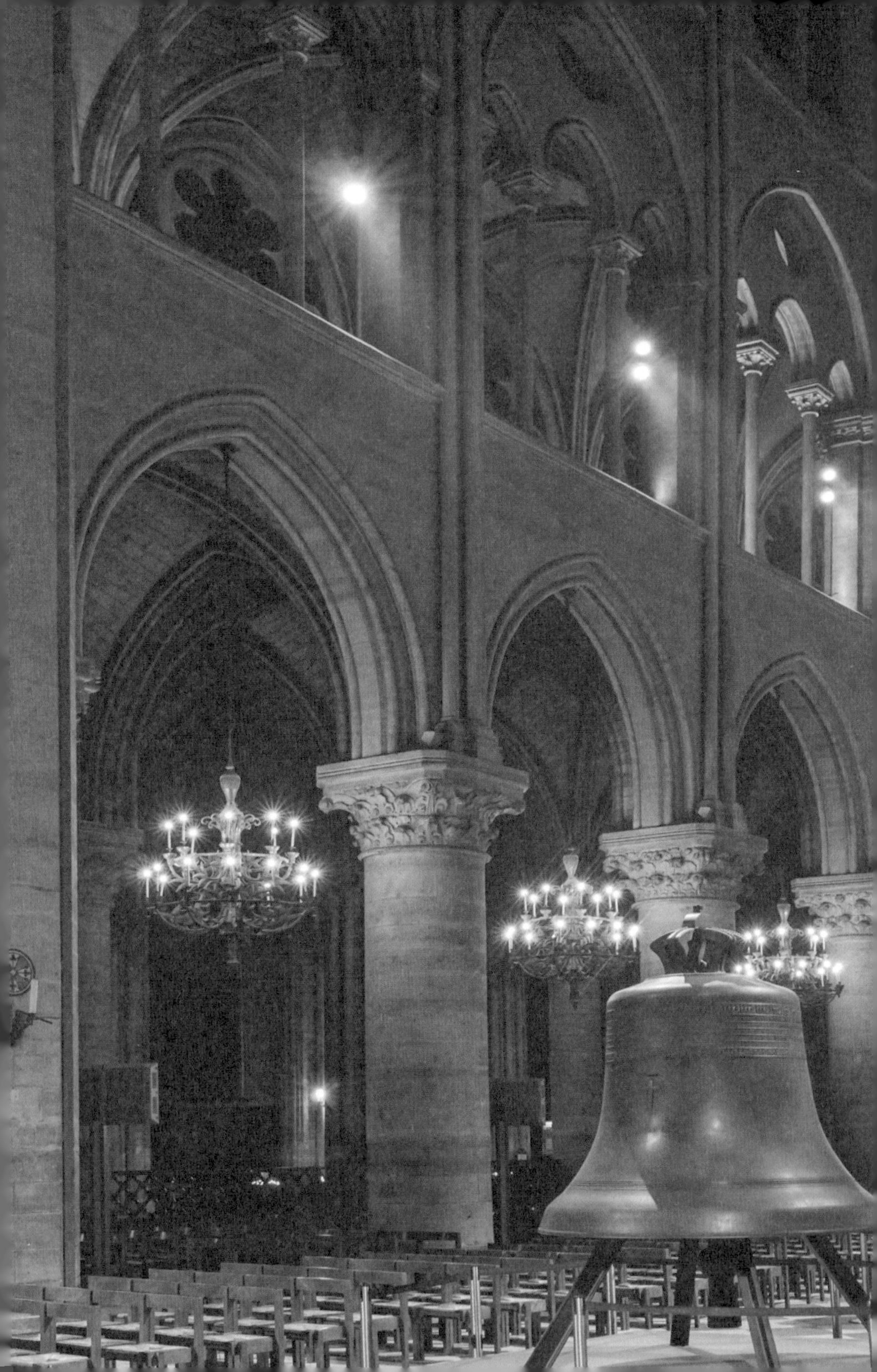

| 노트르담 대성당의 내부 모습. ©Myrabella by Wikimedia Commons

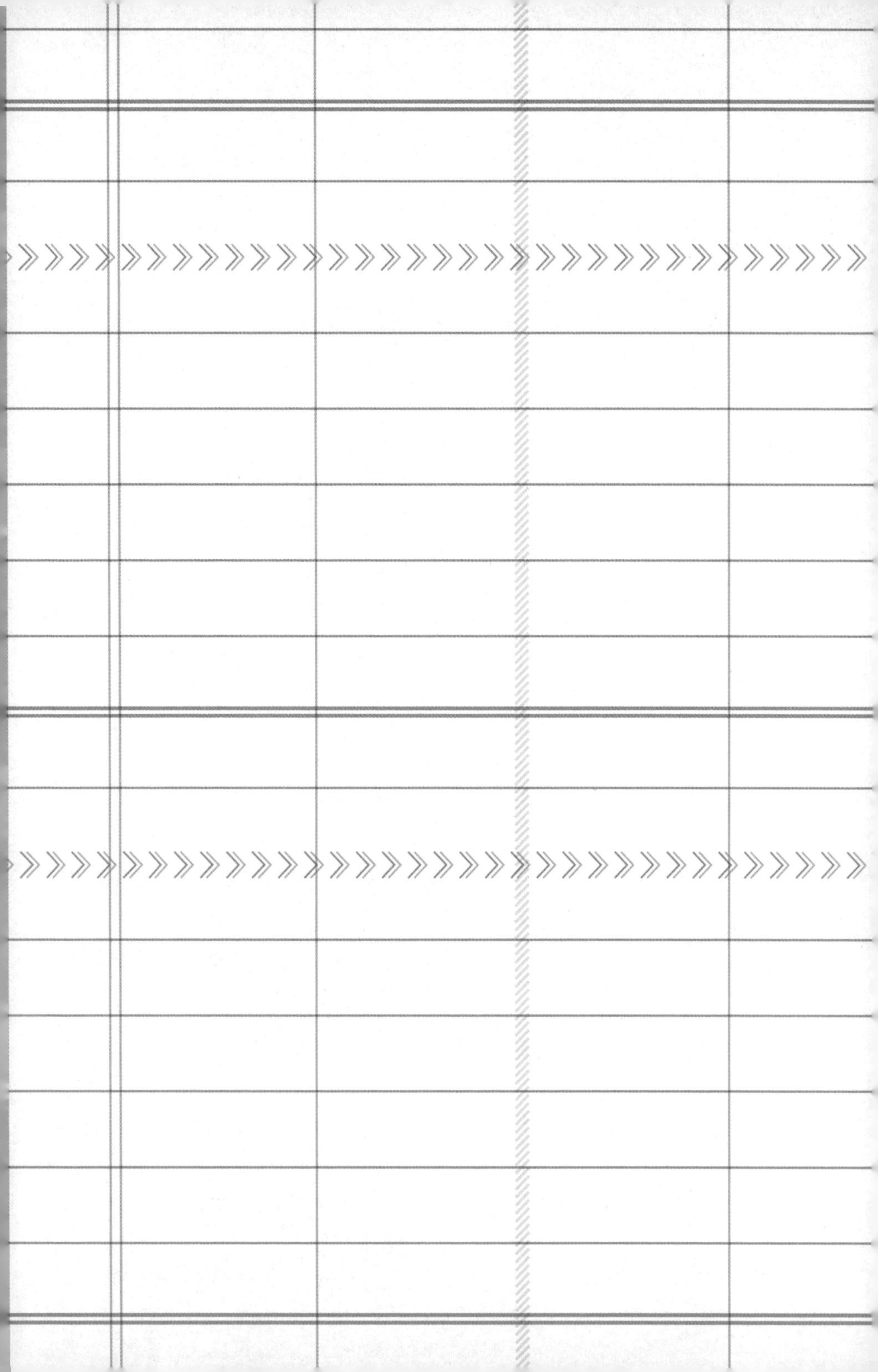

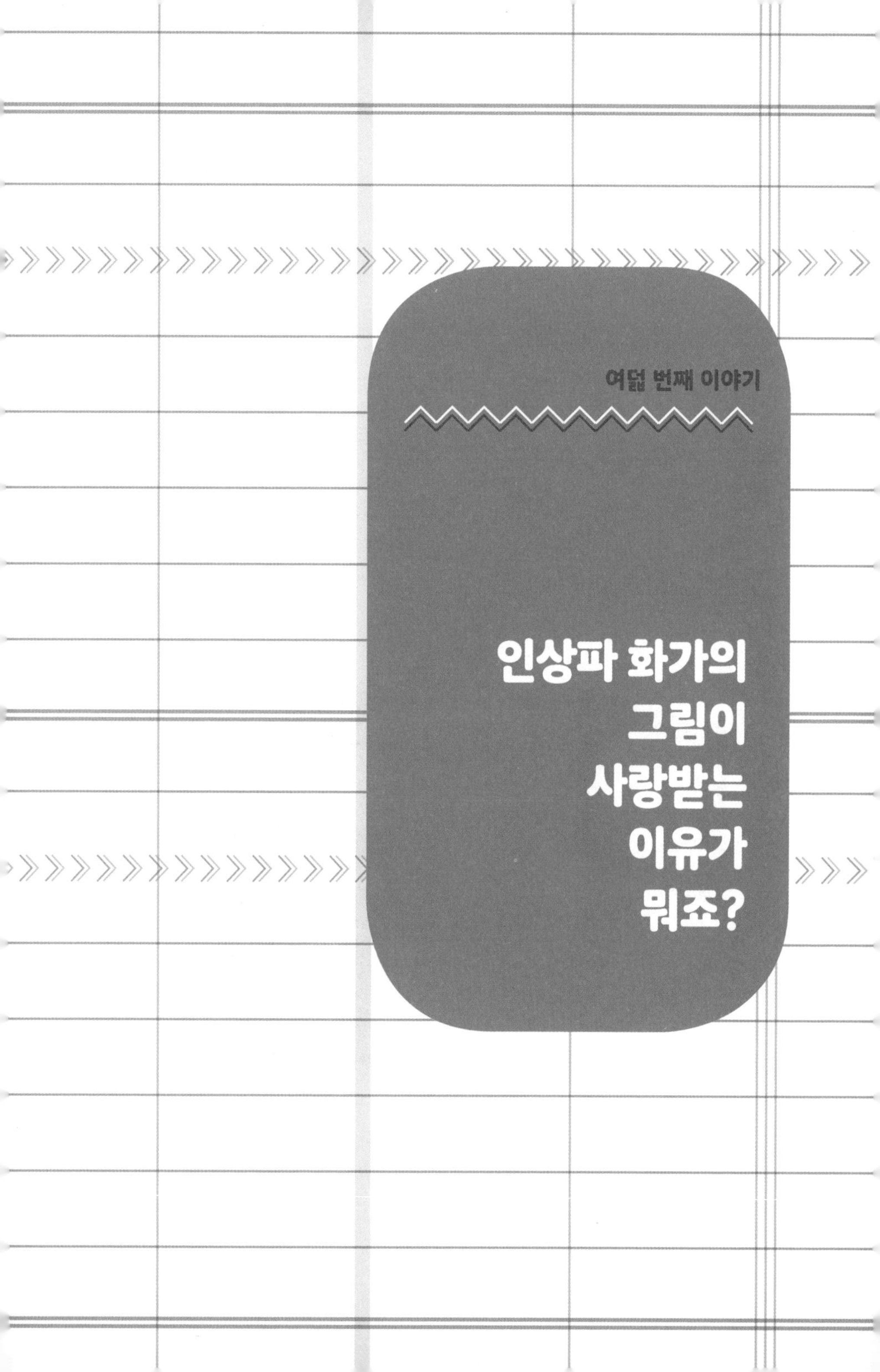

여덟 번째 이야기

인상파 화가의 그림이 사랑받는 이유가 뭐죠?

"오르세 미술관이 최고예요.

인상파 이전 그림부터 인상파 그림까지

집중적으로 전시되어 있어서 어떤 변화가 생겼는지

확연하게 드러나니까 생각할 거리도 많고.

아까 전시회장에서 본 백인 형이

'이 그림들은 쓰레기'라고 말하는 게 기억에 남아요."

노트르담 대성당 못지않게 자주 찾았던 파리의 명소는 오르세 미술관이었습니다. 열흘 남짓 파리에 머무는 동안 오르세 미술관만 두 번 방문했으니까요.

오르세 미술관을 좋아하는 이유는 그림을 관람하기에 너무 편했던 탓이 큽니다. 루브르 박물관도 자주 갔지만 그곳은 갈 때마다 어디가 어딘지 헷갈릴 정도로 복잡합니다. 반면 오르세 미술관은 본래 기차역이었던 건물을 개조해 개장한 탓인지 자신이 서 있는 위치를 명확히 알 수 있고 쉴 곳도 많거든요. 물론 이것만 좋은 건 아닙니다. 전시된 그림이 친숙하고 생각할 거리도 많습니다.

| 오르세 미술관

노트르담 대성당 옥상을 올라가려다 실패한 날 오르세 미술관 5층에 있는 카페에서 점심을 먹는데 채훈이가 말합니다.

"오르세 미술관이 최고예요. 인상파 이전 그림부터 인상파 그림까지 집중적으로 전시되어 있어서 어떤 변화가 생겼는지 확연하게 드러나니까 생각할 거리도 많고. 아까 전시회장에서 본 백인 형이 '이 그림들은 쓰레기'라고 말하는 게 기억이 남아요."

저도 그 백인 청년이 인상적이었습니다. 그가 '쓰레기'라고 표현한 그림을 소개해 보겠습니다. 테오도르 샤세리오의 〈욕실 Tepidarium〉이라는 그림으로 미술관 1층에 전시되어 있죠. 이 그림

| 테오도르 샤세리오의 〈욕실(1853)〉

은 1853년 살롱전에서 호평을 받은 작품입니다. 당시 저명한 비평가였던 테오필 고티에는 '폼페이에 그려진 프레스코 벽화를 통째로 가져온 듯한 걸작'이라고 평하기도 했습니다.

살롱전은 프랑스 미술 아카데미가 창립 기념으로 개최한 전시회가 시초라 할 수 있는데요. 정기적으로 열리는 일종의 '경진대회'를 말합니다. 이 전시회를 살롱전이라고 부르는 이유는 장소가 루브르 박물관의 정사각형 건물인 살롱 카레Salon Carré에서 열렸기 때문입니다.

19세기 파리 살롱전은 그야말로 제도권 미술 세계에 진입하는 최고의 관문이었습니다. 화가가 작품을 제출하면 아카데미의 심사위원들이 작품을 심사합니다. 만장일치로 통과한 경우에는 1등급으로 분류되어 가장 좋은 자리에 걸릴 자격을 얻습니다. 반면 심사에서 떨어진 그림은 구석이나 사람들이 보기 어려운 아주 높은 곳에 전시되죠. 그러나 살롱전에 출시되어 높은 평가를 받는 작품은 심사위원의 비위에 맞는 그림일 수밖에 없습니다. 당시 권력을 차지하고 있던 부유층의 기호에 맞는, 다시 말해 자신의 집 안방에 걸어두고 싶은 에로틱한 작품이 당선된 경우가 많았습니다. 물론 그런 그림도 필요합니다. 그렇지만 살롱전 수상 작품 모두가 그런 방향으로 가는 것은 문제가 있죠.

그리고 살롱전은 '판타지 세계'를 그린다는 문제점이 있습니다. 테오도르 샤세리오의 그림도 그렇지만, 당시 최고의 대가로 칭송받던 앵그르의 그림에서는 이 문제가 확연하게 드러납니다. 그들은 여성의 누드를 환상적으로 묘사하여 큰 인기를 끌었지만, 이슬람의 하렘과 같은 자신들의 상상의 장소를 그림의 배경으로 선택하는 등 현실과 동떨어진 세계를 그렸습니다. 당시 오스만 투르크 제국은 이미 전성기를 지나 몰락 중이었기에 하렘에 백인 여성 노예가 수백 명씩 있었다는 게 말이 안 되죠.

이런 주류에 반발하여 새로운 흐름이 나타나기 시작합니다. 대표적인 것이 에두아르 마네의 문제작 〈풀밭 위의 점심 식사(1863년)〉입니다. 이 그림은 살롱전에서 무시무시한 악평을 들어야 했습니다. 비평가들이 이 그림을 싫어한 이유는 르네상스 4대 화가의 한 사람이었던 티치아노 베첼리오의 그림 〈전원의 합주〉를 비틀었기 때문입니다.

티치아노의 〈전원의 합주〉는 마네의 〈풀밭 위의 점심 식사〉와 구도가 비슷하지만, 그림 속 인물의 '시선'이 전혀 다름을 알 수 있

| 에두아르 마네의 〈풀밭 위의 점심식사(1863)〉

습니다. 두 명의 여성이 누드이지만 티치아노의 그림 속 두 남자는 이를 인식하지 못한 것처럼 행동하고 있지요. 이런 식의 '트릭'은 르네상스 시대 화가들이 즐겨 사용한 것으로, 두 명의 여성은 음악의 여신인 뮤즈로 설정되어 있습니다. 즉 인간이 보지 못하는 대상이니 여성의 누드를 그려도 '음란하다'고 비난받지 않습니다. 특히 네 명의 주인공 모두 정면을 보지 않기 때문에 관람객을 불편하게 만들지도 않습니다.

그러나 마네의 그림은 완전히 다르죠. 여성 모델이 당당하게

| 타치아노의 〈전원의 합주(1509)〉

정면을 쳐다봅니다. 게다가 티치아노의 그림은 '원근법' 원칙을 충실하게 따르고 있습니다. 원경은 흐릿하게 표시되어 있지요. 하지만 마네의 그림에는 원근이 뚜렷하지 않습니다. 물론 마네가 원근법을 몰라서 그림을 이렇게 그린 게 아닐 겁니다. 그는 전통을 비틀고 야유하는 중이죠. 특히 고전주의 화가의 그림은 '이상적인 허구'를 그리는 데 비해 마네는 보이는 그대로 그리려고 노력했다는 차이가 있습니다.

실제로 햇빛이 가득한 곳에서 대상을 볼 때는 '은근한 명암'을 감지할 수 없습니다. 그저 밝은 부분과 어두운 부분의 대립만 볼 수 있죠. 전통적인 그림은 여인의 누드에 드리운 세세한 명암까지 잡아내겠지만, 자연광이나 강하게 내려 쬐는 빛 속에서 벗은 여인을 본다면 대부분 마네가 그린 것처럼 빛에 환하게 드러난 부분과 그렇지 않은 부분의 대조밖에 볼 수 없을 것입니다. 결국 사실적이라고 그렸던 고전주의 그림이야말로 가장 비사실적인 그림이라 할 수 있습니다.

마네가 던진 충격은 이후 기술의 진보와 함께 빠르게 확산됩니다. 철도를 이용해서 지방으로 여행을 떠날 수 있게 되었고, 과거에 비할 수 없이 편리한 화구가 보급되어 진정한 의미의 풍경화가 그려집니다.

또한 사진기가 발명되어 이른바 '사진 같은 그림'에 대한 수요가 사라지는 환경이 출현한 것도 이들의 변화를 촉발한 요인으로 작용했습니다. 결국 새로운 세대의 그림은 기존의 질서를 파괴하는 일종의 혁신이었던 셈입니다. 그렇지만 인상파나 사실주의 화가는 가난했습니다.

샤세리오나 티치아노의 그림은 예쁘고 원근도 잘 나타나 있어서 성공한 기업가가 큰돈을 주고 아낌없이 구입하지만, 마네나 고

| 빈센트 반 고흐

흐의 그림은 장식용으로 낙제일 수밖에 없으니까요. 르누아르와 드가 등 극히 일부를 제외하고 대부분의 인상파 화가는 당대에 인정받지 못한 채 가난 속에서 예술 혼을 불태워야 했습니다.

대신 이들의 그림은 역사에 남았습니다. 그리고 저와 채훈이는 오르세 미술관에서 죽은 후에야 세상의 인정을 받은, 불운했지만 역사에 남은 남자의 자화상에서 한동안 자리를 뜨지 못했습니다.

| 오르세 미술관의 5층에서도 가장 좋은 자리를 차지한 드가의 〈14세의 어린 무용수(1880~1891)〉 조각. 밀랍으로 만든 조각상에 실제 무용천으로 만든 발레용 치마 등으로 만들어진 드가의 걸작으로, 나중에 청동상으로도 만들어졌다.

오르세 미술관의 1층에서 찍은 고흐의 〈정오의 휴식(1890)〉.
이 그림은 밀레가 1866년 종이에
파스텔과 콩테 크레용으로 같은 제목으로 그렸는데,
고흐는 인물의 자세나 배치가 거의 동일하지만
좌우 방향이 서로 반대라는 점이 차이다.

뮤지컬 〈오페라의 유령〉의 무대로 유명한
'오페라 가르니에' 모형도.
오르세 미술관의 정문 반대편에는
이렇게 19세기 다양한 포스터와
건물의 모형이 전시되어 있다.

아홉 번째 이야기

아비뇽의 프레스코화는 왜 끌로 다 벗겨졌어요?

아름다운 아비뇽 교황청의 프레스코화가

끌로 파괴된 것을 보면서 너무 놀랐어요.

하나도 남겨두지 않겠다는 의지가 보이는 자국을 보면서

얼마나 원한이 사무쳤으면 그랬을까 하는 생각마저 들었어요.

대혁명은 왜 발생했나요?

열흘 동안 파리를 둘러본 다음 프랑스 남부의 성채 도시 아비뇽으로 이동했습니다. 아침에 일어나 생제르망 거리의 숙소를 체크아웃하고 리용 역으로 이동해 테제베TGV를 타고 세 시간을 달려 아비뇽에 도착했습니다. 시속 300킬로미터로 달리는 TGV를 타고 세 시간을 달렸다는 이야기는 아비뇽이 파리에서 거의 1천 킬로미터 떨어져 있다는 이야기입니다.

아비뇽의 호텔에 짐을 풀고 케밥을 먹으면서, 왜 유럽 여행자들이 케밥을 많이 먹는지 이유를 알았습니다. 일단 값싸고 맛나고 푸짐하더군요. 음료수와 감자튀김이 포함된 세트 두 개가 12유로밖에 안 합니다.

아비뇽 교황청 건물은 웅장하면서도 스산한 분위기입니다. 아

| 프랑스 대혁명 이후 시민의 주거지로 활용되던 아비뇽 교황청 모습

비뇽에 난데없이 교황청이 존재하는 이유는 1309년 교황 클레멘스 5세가 정치적인 이유로 바티칸으로 가지 못하고 프랑스 아비뇽에 머물면서 교황청으로 사용했기 때문입니다. 1376년까지 모두 7명의 교황이 이곳에 머물게 되는데 이를 '아비뇽 유수'라고 합니다.

채훈이가 영어 오디오 가이드를 듣고 하는 말인즉슨, 아비뇽 교황청은 역대 프랑스 왕들이 끊임없이 증축하는 등 많은 애정을 기울였지만 1792년 대혁명 이후 대대적으로 파괴되었다고 하네요. 특히 본관 예배당 건물은 아비뇽 시민의 주거 공간으로도 사용되어, 이 건물에서 식사도 하고 살림세간을 들여놓았다는 이야기를 들으면서 프랑스 대혁명 당시 백성이 얼마나 교회를 증오했는지 새삼 느낄 수 있었습니다.

지금도 끊임없이 복원 공사가 이뤄지는 중이고, 복원이 이뤄진 곳에는 복원 이전의 모습이 담긴 사진도 함께 전시해 놓아서 더욱 새로웠습니다. 교황청 관람을 마친 뒤에는 아비뇽 다리(생베네제 다리)로 이동했습니다. 아비뇽은 큰 강으로 둘러싸인 요충지로 곳곳이 요새와 성으로 수비되어 있었습니다. 아비뇽 다리는 지금 남아 있는 것보다 훨씬 길었지만, 18세기의 큰 홍수 때 떠내려 가 버렸다고 적혀 있더군요.

저녁이 되어 호텔로 돌아오는 길에 아비뇽 시내의 가게에서 크

| 아비뇽 다리

레페를 포장하는데 채훈이가 질문을 던집니다.

"아름다운 아비뇽 교황청의 프레스코화가 끌로 파괴된 것을 보면서 너무 놀랐어요. 하나도 남겨두지 않겠다는 의지가 보이는 자국을 보면서 얼마나 원한이 사무쳤으면 그랬을까 하는 생각마저 들었어요. 대혁명은 왜 발생했나요?"

사실은 파리의 노트르담 대성당의 아름다운 스테인드글라스와 외부의 흉상도 프랑스 대혁명 때 부서졌던 것을 복원한 것입니다. 심지어 나폴레옹이 노트르담 대성당에서 왕위에 오를 때 내부가 너무 처참하게 파괴되어 긴급하게 색칠해 보수했을 정도였으니

아비뇽 교황청의 벽면. 끌로 일일이 그림을 벗겨낸 흔적을 보며 1789년 대혁명 당시 프랑스 사람이 얼마나 가톨릭 교회와 그 상징을 증오했는지 알 수 있다.

까요. 고딕 성당을 끝없이 쌓아올릴 정도로 종교적 믿음이 컸던 프랑스 사람들이 대혁명을 일으키고 성당을 부순 이유는 크게 두 가지로 설명할 수 있습니다.

첫 번째는 프랑스 왕실이 실책을 연발하는 가운데 점점 지배 계급에 불만이 고조된 것을 들 수 있습니다. 루이 14세가 죽기 전에 자신의 후계자에게 '끝없이 전쟁해서 국고를 탕진하고 국민을 괴롭힌 것을 후회한다'고 말했을 정도였거든요.

1789년 대혁명 전야 프랑스 경제는 엉망이었습니다. 경쟁국이었던 영국은 명예혁명 이후 의회 민주주의가 정상적으로 운용되면서 국가가 채권을 낮은 금리로 발행하고, 이 채권을 국민이 매입하는 선순환이 작동하고 있었습니다. 국가는 저금리에 돈을 빌려

해군을 육성하고, 국민은 이 채권 이자를 받으며 안락한 노후를 설계할 수 있었습니다.

프랑스도 영국처럼 채권을 발행해서 엄청난 국가 부채를 청산할 수 있었으면 좋았을 텐데 프랑스 왕실은 명예혁명과 같은 일을 할 생각이 추호도 없었습니다. 다시 말해 왕이 앞으로 마음대로 세금을 걷지 않을 것이고, 빌린 돈을 철저하게 갚겠다는 약속을 국회에 할 이유가 없었습니다.

대신 프랑스는 존 로John Law라는 사기꾼을 불러들였습니다. 존 로는 스코틀랜드의 금 세공업자 집안에서 태어났지만, 도박광인데다 결투로 사람을 죽여 유럽으로 도망쳐 나온 떠돌이였습니다. 그러나 그는 루이 15세의 섭정이었던 오를레앙 공 필리프 2세

| 존 로(1671-1729). 스코틀랜드의 경제학자

의 마음을 사로잡아 국가 주도의 중앙은행을 설립하는 일을 맡습니다. 그의 구상은 매우 혁신적이었습니다.

존 로는 왕립은행을 설립하여 정부가 화폐 발행을 독점하라고 조언했습니다. 18세기에 통용되던 화폐는 '금'이었습니다. 그런 상황에서 그는 프랑스 정부가 지폐를 발행하라고 권고한 것인데, 문제는 사람들이 이 '지폐'가 금을 대신하는 새로운 화폐가 되리라는 것을 믿어야 했습니다. 이를 위해 등장한 대안이 바로 '미시시피 회사'로 이 회사는 프랑스가 가지고 있던 모든 해상의 상업적 권리를 독점했습니다. 그리고 이 회사는 1720년 왕립은행과 합병되어 중앙은행이 되었습니다.

시작은 좋았습니다. 프랑스 정부는 화폐를 찍어내서 정부가 지고 있던 부채를 일소했습니다. 그리고 프랑스 사람들은 낙관적인 꿈에 젖어 미시시피 회사의 주식을 매입하기 시작했습니다. 가격이 폭등하기 시작하자 1719년 500리브르였던 미시시피 주식 가격은 1720년 전반기 무려 1만 8천 리브르까지 올랐습니다. 그러나 이런 급등세가 무한정 지속될 수는 없습니다. 오를레앙 공을 비롯한 프랑스 왕실 사람들부터 주식을 팔기 시작했고, 미시시피 회사가 아무런 돈을 벌지 못하고 있다는 사실이 밝혀지면서 파국이 찾아왔습니다.

결국 1720년 말 오를레앙 공은 존 로를 해임했습니다. 미시시피 회사의 주식은 1721년까지 97%라는 역사적인 주가 하락을 기록하며 회사는 파산합니다.

이 과정에서 프랑스 국민은 엄청난 손실을 입었고, 정부가 주도하는 은행과 지폐에 강한 불신을 가집니다. 사태가 이 정도에 이르면 프랑스 국왕이 정신을 차려야 하는데, 이후에도 지속적으로 전쟁에 참가하면서 프랑스의 국가 부채는 더욱 늘어납니다.

물론 아무리 국가 부채가 많아도 경제가 호황이면 문제가 되지 않습니다. 그러나 18세기 중반 프랑스 인구는 폭발적으로 증가하고 있었습니다. 일반적으로 인구 증가는 경제에 좋은 영향을 미치지만 한정된 토지에 인구만 증가하면 결국 1인당 소득이 줄어듭니다.

토지는 한정되어 있는데 인구가 폭발적으로 늘어나면 '인플레'가 유발될 수밖에 없습니다. 인구가 늘어나는 초기 국면은 놀고 있던 땅을 활용해 농사를 짓거나 다른 용도로 쓰이던 땅에 농사를 짓는 것으로 대응할 수 있습니다. 그러나 원래 농지가 아니었던 땅은 농사짓기에 부적합한 곳이었을 가능성이 높고, 이는 곡물 재배에 필요한 비용 증가로 연결됩니다. 특히 인구가 증가하면서 에너지 수요도 늘어나기에, 18세기 후반에 이르면 목재 등 각종 에너지 가격이 급등합니다.

기근이 발생하고 부랑자가 늘어나는 세상이 출현했건만 프랑스의 귀족과 성직자는 사회 변화에 둔감했습니다. 특히 문제가 된 것은 농민과 도시 수공업자의 삶이 피폐해지는 동안 가톨릭 성직자의 수는 오히려 증가했다는 점입니다.

당시의 흐름은 당연히 '반발'을 낳을 수밖에 없죠. 특히 계몽사상이 확산되기 시작한 것 역시 대혁명의 이론적 근거를 제시했습니다. 1784년 독일의 철학자 칸트는 '계몽이란 무엇인가'에 대한 유명한 답변에서 계몽의 표어를 다음과 같이 정리했습니다.

"과감히 알려고 하라! 너 자신의 지성을 사용할 용기를 가져라."

물론 계몽사상의 전파는 쉽지 않은 일이었습니다. 루이 15세는 1757년에 가혹한 검열법을 공포했고, 사전허가제를 통해 인쇄업자, 서적상, 행상인, 해적판 출판업자를 통제하기에 이르렀습니다.

특히 계몽사상이 반(反) 교권주의적인 성향을 띠었기 때문에 종교재판소에서는 계몽사상가를 이단으로 판단하고 억압하기도 했습니다. 그러나 사회 전반에 불만을 품은 사람들이 늘어난 환경에서, 특히 프랑스 왕정이 실책을 거듭하니 혁명의 가능성이 점점 높아졌습니다.

이런 사회 분위기에 결정타를 날린 것은 기후 변화였습니다. 1650년대부터 1850년 사이의 시기를 '소빙기'라고 부르는데, 이 200년 동안 유럽은 심각한 환경 위기를 겪습니다.

미시건 주립대학의 하름 데 블레이 교수는 그의 책 〈왜 지금 지리학인가〉에서 1675년부터 1735년까지 지구가 천 년 단위로 반복되는 기후 변화기 중에서 가장 추운 주기에 있었다고 지적합니다. 유럽 지역은 식물의 생육기가 6주나 짧아졌고, 알프스 빙하가 빠른 속도로 전진하여 마을과 농장을 위협했기 때문에 사제와 교구민은 그 앞에서 신께 기도를 드릴 정도였다니까요.[19]

안 그래도 인구 증가로 곡물과 목재 가격이 상승하는 상황에서 닥친 기후 변화는 경제와 사회 전반에 큰 충격을 주었습니다. 기후 변화는 프랑스뿐 아니라 중국에서도 큰 정치 변화를 가져왔습니다. 명나라는 1615년 홍수와 한파로 큰 피해를 입었으며, 이는 조선도 마찬가지였습니다. 이른바 경술대기근(1670년)이 그것인데요. 그해 3월부터 가뭄과 냉해로 작물의 파종 시기가 늦어졌고, 6월에 때아닌 장마가 시작된 데 이어 7~8월에 이상 저온 현상까지 발생해 심각한 기근이 시작되었습니다.

주자학에 길들여진 조선의 민중은 왕조를 뒤엎지 못했지만 프랑스는 전혀 달랐습니다. 혁명이 성공하기 위해서는 무엇보다 사람들을 결집시킬 구심점, 즉 '지식인 계층'이 필요합니다. 조선의 선비는 혁명을 일으킬 생각이 강하지 않았던 반면, 프랑스의 부르주아는 계몽사상으로 무장되어 있을 뿐 아니라 그 숫자도 무시하지 못할 수준에 도달했습니다.

물질적 풍요와 사치를 누린 이 부르주아 계급은 상인, 제조업자, 전문 자유 직종 등 다양했는데, 1700년 70만 명에서 1789년에는 230만 명으로 증가했습니다.[20]

프랑스의 부르주아가 왜 볼테르를 비롯한 계몽사상가에게 열광했을까요?

사회 전반에 걸쳐 숫자와 세력 모두 커졌건만 계급 사회의 장벽에 막혀 정치 권력을 장악하지 못하는 상황을 계몽사상가들은 야유하고 대안을 제시했기 때문이겠죠. 결국 이런 상황에서 사소한 충격도 급격한 변화를 유발합니다.

1789년 이미 파리 인구는 60~70만 명에 이르렀는데, 이렇게 많은 새로운 시민을 사회에 편입시키자니 심각한 문제가 생겨났습니다. 도시의 일자리나 식량 공급은 구성원이 늘어났다고 해서 자동적으로 늘어나지 않기 때문이죠. 특히 1780년대부터 시작된 이상기후가 유발한 식량 가격의 급등 현상은 도시 경제를 위기에 빠뜨렸습니다. 예전에는 교구 조직이 극빈자를 구원하고 도시의 질서를 유지하는 역할을 담당했습니다만, 도시 인구가 급격히 늘고 인구 이동도 빈번해지니 기존의 교구 조직은 제구실을 할 수 없었습니다.

1780년 런던 고든 폭동도 이와 비슷한 상황이었죠. 그런데 제반 여건이 비슷했음에도 영국의 고든 폭동은 일시적인 사건으로 끝나고, 1789년 폭동은 대혁명으로 발전했을까요?

여러 가지로 설명할 수 있겠지만 앞에서 이야기했듯 영국은 명예혁명 이후 정부 재정이 투명해지고, 높아진 국력을 바탕으로 해외의 식민지를 적극적으로 개척한 것이 혁명의 위험을 제거하는 데 도움이 되었습니다. 즉 국내에 남아도는 남자를 해외에 수출함으로써 식민지도 개척하고 정치 안정도 도모할 수 있었던 것입니다.

반면 프랑스는 이게 불가능했습니다. 재정이 부실해졌고 존 로의 개혁마저 실패로 돌아가면서 국민은 정부의 정책을 신뢰하지 않았습니다. 특히 부실한 재정으로 해군력이 약화되면서 식민지 개척의 기회도 영국에게 번번이 빼앗겼죠.

따라서 재정 부실과 인구 급증에 따른 1인당 소득 감소가 프랑스 대혁명의 근본 원인이라 할 수 있습니다. 특히 18세기 말 유럽을 덮친 소빙기, 그리고 부르주아라는 '집권 능력'을 가진 새로운 계급의 출현도 혁명이 지속된 원인이라 할 수 있겠네요.

아비뇽 교황청 예수님의 전당(Hall of Jesus)에 그려진 프레스코화.
여러 프레스코화 중에서 그나마 상태가 좋은 편에 속하는 것으로,
1343년 마테오 지오바네티(Matteo Giovannetti)의 작품으로 추정.
그는 제4대 아비뇽 교황이었던 클레멘스 6세의 명으로 프레스코화를 그렸다.

| 프랑스 아이들의 교과서 노래에도 나오는 그 유명한 '아비뇽 다리'의 끝부분에 있는 생니콜라 예배당. 아비뇽 다리는 수없이 부서지고 재건되기를 반복했는데, 처음 지어진 시기는 1177년부터 1185년. 12세기 양치기 소년 베네제가 다리를 놓으라는 계시를 듣고 지어졌다는 전설이 전해진다. 정식 이름은 '성 베네제 다리(Pont Saint-Benezet).

아비뇽 다리에서
지상으로 내려가는 창에서 바라본 풍경.
굽이치는 론 강이
천혜의 요새를 만들어주고 있다.

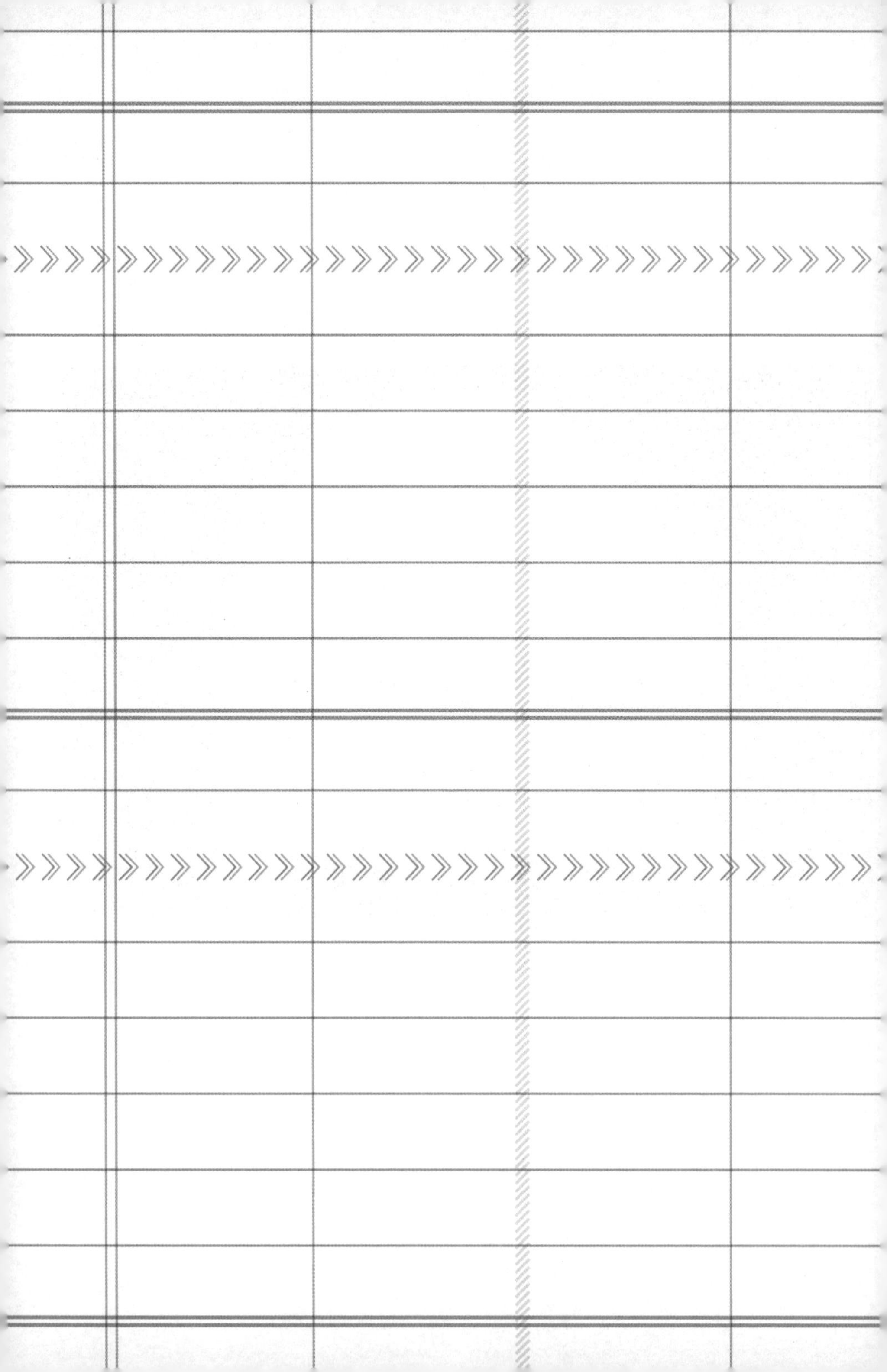

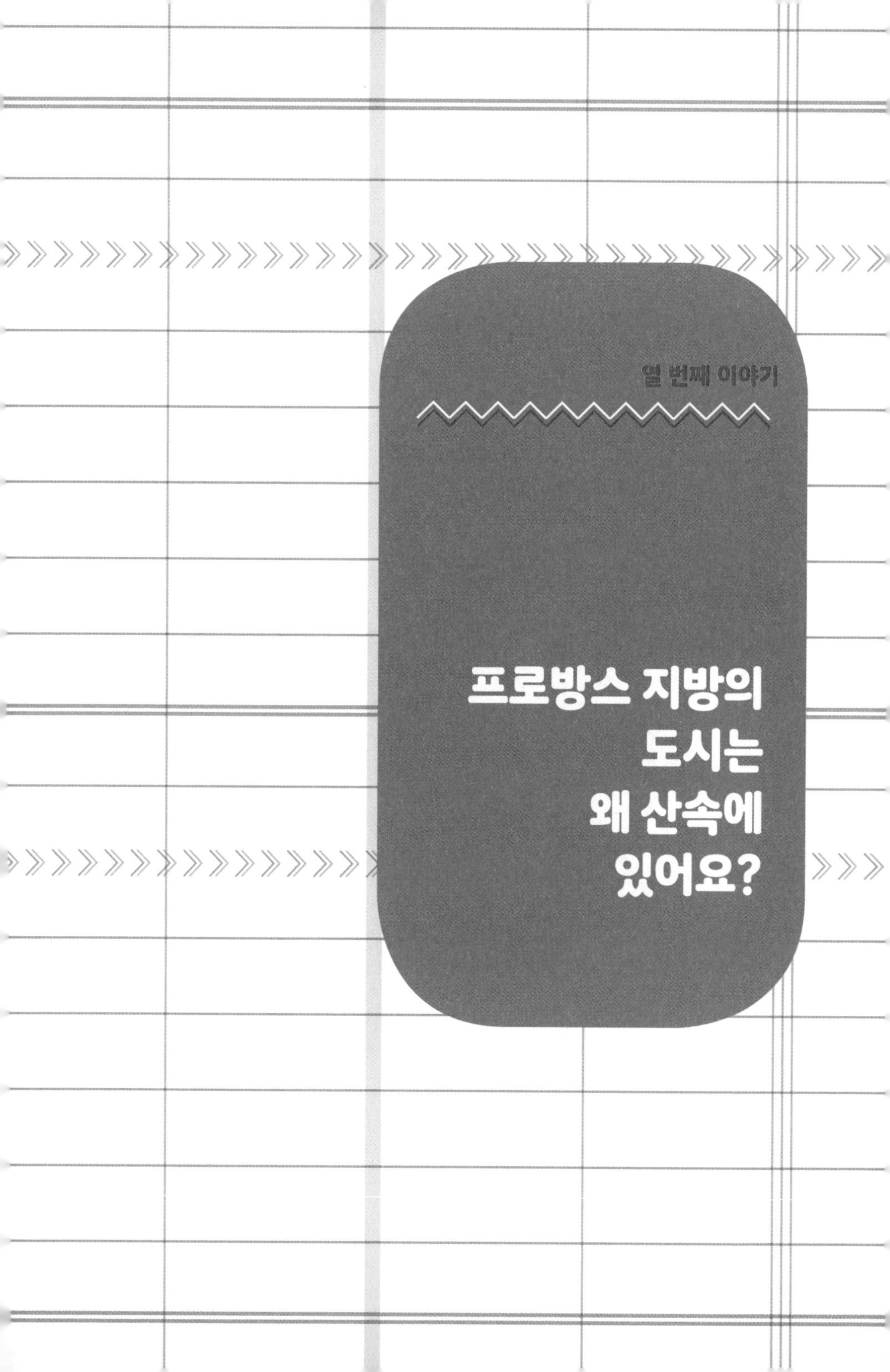

열 번째 이야기

프로방스 지방의 도시는 왜 산속에 있어요?

"아빠!

왜 프로방스의 아름다운 마을들은 다 산 위에 있어요?

특히 고흐드를 갈 때 보니 평지에는 정작 마을이 안 보이고

산속 구석구석에 성채 마을이 있던데요?"

아비뇽 여행 이튿날에는 '가이드 투어'를 했습니다. 투어는 아비뇽 시내에 있는 관광정보센터나 여행사에 신청하면 됩니다. 저희는 한국에서 출발하기 전에 인터넷으로 미리 예약하고 갔죠. 숙소를 적고 예약금을 걸면 가이드가 호텔 로비로 데리러옵니다.

아비뇽에서의 일정을 소개하면 아래 〈그림〉과 같습니다. 처음에는 퐁 뒤 가르, 즉 로마 시대의 수도교를 갔다가 고흐드Gordes를 비롯한 프로방스의 아름다운 성채 마을을 방문하는 일정입니다. 고흐드도 좋았지만 저는 로시용Rousillion이 마음에 들었습니다. 마을 곳곳을 돌아다닐 시간이 있었는데 얼마나 아름답던지 마치 동화 속 마을을 걷는 듯했습니다.

프로방스 투어를 마치고 호텔로 돌아오는데 채훈이가 질문을

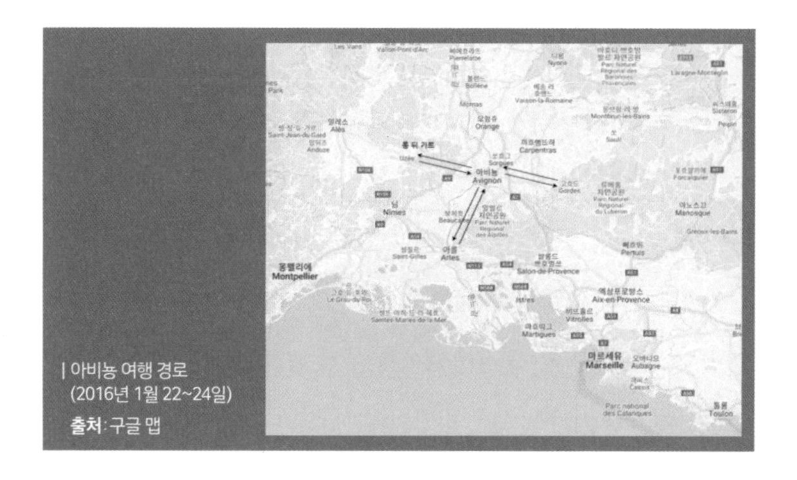

| 아비뇽 여행 경로
(2016년 1월 22~24일)
출처: 구글 맵

던집니다.

"아빠! 왜 프로방스의 아름다운 마을들은 다 산 위에 있어요? 특히 고호드를 갈 때 보니 평지에는 정작 마을이 안 보이고 산속 구석구석에 성채 마을이 있던데요?"

저도 이게 꽤 궁금했는데 나중에야 이유를 알 수 있었습니다. 하나는 질병에 대한 공포였고, 다른 하나는 사라센의 해적 때문이었습니다.

지중해를 비롯한 해안가는 사람이 살기는 좋지만 그에 못지않게 질병이 번지기도 좋은 환경이었습니다. 특히 말라리아를 비롯한 각종 전염병은 사람들을 괴롭히는 요인으로 작용했죠. 지금이야 말라리아를 비롯한 전염병은 열대 지방에만 번성하고 있습니다만, 역사적으로 보면 지중해 역시 말라리아로 지속적으로 고통받은 지역이었다고 합니다.

세계 2차 대전 이후 치료제가 개발되기 전까지만 해도 효과적인 치료약은 남미에서 나는 기나나무 껍질을 채취해 가공한 키니네뿐이었습니다. 물론 키니네 이외에도 말라리아를 퇴치하는 방법은 존재합니다. 바로 마른 땅을 만드는 것입니다.[21] 말라리아모기가 번식하기 좋은 환경, 즉 물웅덩이를 아예 없애는 것이야말로 말라리아를 퇴치하는 가장 쉬운 방법이라 하겠습니다.

이탈리아 중부 토스카나 지방의 속담에 '말라리아에 대한 최선의 치료제는 음식이 가득 찬 냄비'라고 합니다. 배수와 관개수로 덕분에 늪지대가 곡창으로 변하고, 많은 사람이 거주하면 말라리아는 저절로 없어지지 않겠습니까.

로마 역시 테베레 강의 하류에 자리 잡은 습한 땅이었지만, 수백 년에 걸친 공사를 통해 사람이 살기 좋은 환경으로 바꿀 수 있었습니다. 당시 로마의 418킬로미터 수로 중 단 47킬로미터 구간만이 지상에 나와 있을 정도였죠. 물길을 만드는 중에 산과 같은 장애물을 만나면 흔히 '수도교'로 알려진 거대한 수로 시설을 설치

| 남프랑스의 퐁 뒤 가르

해 물을 날랐습니다. 이렇게 만들어진 곳은 교량으로서의 기능도 했지만 무엇보다도 수로의 기능이 강했죠.

기원전 19년을 전후해 세워진 남프랑스의 퐁 뒤 가르의 경우는 길이 275미터, 높이 49미터나 되는 거대 수로였지만, 다리 양쪽의 높낮이 차이가 불과 1.3센티미터밖에 안 날 정도로 정밀하게 만들어졌습니다. 물론 이런 시설을 만드는 것만으로는 말라리아와 같은 전염병을 없앨 수 없죠. 끊임없이 보수하지 않으면 저수지의 둑은 무너지고 수로교에서 물이 샐 테니까요. 안타깝게도 로마 제국이 멸망한 다음에는 이게 불가능했습니다.

| 고흐가 잠시 머물렀던 곳으로 유명한 도시, 아를의 원형 경기장. 1세기경 로마인이 만들었는데 중세 시대에는 사람들이 이곳에 거주하기도 했다. 현재의 모습으로 복원된 것은 1883년의 일이다.

특히 학살을 일삼았던 반달족이 지배했던 남프랑스와 북아프리카 지역의 곡창 지대는 기존에 존재하던 저수지와 수도교가 처참하게 파괴되었습니다. 이후 북아프리카는 다시는 예전과 같은 곡물 생산량을 기록하지 못하고 있습니다. 로마 멸망 이후 지구의 기온이 올라 건조해진 탓도 있지만, 로마인이 건설한 저수지와 수도교 시설이 완전히 파괴된 것도 큰 영향을 끼쳤다고 합니다.

로마 멸망 이후 사태를 더욱 심화시킨 것은 '이슬람 해적'의 출현이었습니다. 일본의 소설가, 시오노 나나미의 〈로마 멸망 이후의 지중해 세계〉에는 로마가 멸망한 이후 지중해 해안에 살던 사람들이 얼마나 끔찍한 일을 당했는지 상세히 설명되어 있습니다. 이른바 '사라센 해적'이 대대적으로 사람들을 납치해 로마 시대에 남겨져 있던 목욕탕 유적에 몰아넣고, 굶주림에 살아남은 사람들만 노예로 팔았거든요.

물론 남유럽의 사람들 입장에서는 말과 종교가 통하지 않는 곳에 끌려가 평생 노예로 사는 삶이 끔찍하게 싫었겠죠. 그래서 어쩔 수 없이 이슬람 해적이 공격해 오기 힘든 산으로 도망갈 수밖에 없었습니다. 당시 유럽의 지배자는 게르만의 귀족들이었지만, 이들은 이슬람에 맞서 싸울 힘도 의사도 없었습니다. 왜 그들이 이슬람과 적극적으로 싸울 생각이 없었냐 하면, 그들의 전력도 약했거니와 '이동형 강도roving bandit'의 특성이 있었기 때문입니다.

여기서 '강도'란 국가 혹은 전근대 시절 국가에 대한 일종의 비유입니다. 1789년 프랑스 대혁명 혹은 1688년 영국 명예혁명 이후 민주주의 국가들은 대의제 의회 등을 통해 국민의 뜻을 물어 징병과 세금 같은 의무를 부과했습니다. 그러나 그 이전의 국가는 국민에게 '강도'와 크게 다르지 않았습니다.

강도도 여러 종류가 있었습니다. 정착형 강도와 이동형 강도가 그것인데요. 최악은 이동형 강도입니다. 이동형 강도는 주민이 키워놓은 재산과 사람을 약탈하는 집단입니다. 이들은 주민이 죽든 말든 신경 쓰지 않고, 다음에 언제 털어먹을지 모르니 한번 올 때 최대한 뽑아 먹자는 생각을 가진 집단입니다.

대표적인 집단이 몽골 등 중앙아시아의 유목 민족 국가입니다. 이들은 송나라나 고려 같은 정착민을 일종의 '양'처럼 생각했습니다. 인격을 가진 대상으로 보지 않고 땅에 종속된 일종의 동물처럼 잔인하게 대했죠. 실제로 몽골의 한 장수는 '중국인을 다 죽이고 그곳에 넓은 초원을 만들어 우리의 양을 기르자'고 주장하기도 했습니다. 이 주장에 반대한 사람이 원세조, 쿠빌라이였습니다. 그는 중국 사람을 죄다 죽이기보다 꾸준히 털어먹기를 원했습니다. 이게 바로 '정착형 강도stationary bandit' 유형의 국가입니다.

경제나 사회의 발전이라는 측면에서 보면 정착형 강도가 이동형 강도보다 낫습니다.[22] 왜냐하면 정착형 강도는 키워서 잡아먹을 생각을 하지만 이동형 강도는 그런 장기적인 계획 따위가 없기 때문이죠. 주민이 죽어 버리면 정착한 강도도 굶어죽고, 반대로 주민이 부유해지면 빼앗아갈 것도 많아지므로 정착한 강도는 자신의 영향권 안에 있는 사람들이 열심히 일하고 새로운 기술을 개발하도록 독려합니다.

그러나 중세 남유럽은 이동형 강도만 득실거리는 곳이었습니다. 게르만의 귀족들은 기본적으로 '전사'들이었고, 언제 죽을지 모르는데 먼 미래를 내다보고 사회의 설계 따위에 관심이 없었죠. 물론 노예로 팔아먹을 생각밖에 없는 이슬람의 해적은 더 말할 필요가 없습니다.

물론 그렇지 않은 강도도 있었습니다. 비잔틴 제국 영주와 이슬람 해적에게 시달리던 이탈리아 남부 사람들은 아예 '능력 있는' 지배자를 초빙했습니다. 바로 노르만의 바이킹이었습니다.[23] 이탈리아 남부 풀리아 지방의 유력자들은 예루살렘 성지 순례를 마치고 고향으로 돌아가던 40여 명의 바이킹에게 제의했죠. '남부 이탈리아의 이슬람 세력을 몰아내고 자신들을 지배하라'고 말입니다. 그러자 바이킹이 말합니다. '우리 40명만으로는 너무 숫자가 적으니 고향에 돌아가서 동료를 모아서 돌아오겠다.'

이듬해인 1017년 바이킹은 약속을 지켰습니다. 250명의 동료와 함께 돌아온 바이킹은 풀리아 지역의 유력자와 힘을 합쳐 비잔틴의 영주와 이슬람의 해적을 몰아냈습니다. 1037년에는 바다 건너 시칠리아 섬까지 진출하고, 결국 1072년에는 시칠리아 섬의 이슬람 거점인 팔레르모를 함락합니다. 이러한 일은 바이킹 전사가 용맹했을 뿐 아니라, 이탈리아 남부 사람들이 '이동형 강도'의 통치에 넌더리가 나서 적극적으로 바이킹 전사를 지원했기에 가능했습니다.

그렇지만 운이 좋았던 소수의 사람을 제외한 대부분의 지중해 연안 주민은 이동형 강도와 전염병을 피해 바닷가를 버리고 산으로 올라갔습니다. 그러나 산으로 올라가면 안전이 확보될지는 모르지만 대신 빈곤의 늪이 기다리고 있습니다. 일단 바다에서 나는 풍부한 수산물과 소금을 접할 기회가 사라지는데다 교통이 좋지 않아 상업이 발달하기 어렵거든요.

게다가 산에는 이슬람 해적 대신 산적이 떼를 지어 사람들을 약탈하기 때문에 어쩔 수 없이 산에 성벽을 만들어서 외부인의 이동을 차단하는 식으로 살지 않을 수 없습니다. 지금이야 산속에 자리 잡은 아름다운 마을에 놀러 온 세계 각국의 관광객이 감탄하지만, 지중해 연안의 산속 마을은 비극의 무대였던 셈입니다. 특히 산골 마을의 높은 담과 작은 창, 좁은 골목이 외적의 침입을 효과적으로 막기 위한 궁리의 결과였다는 사실을 알면 마냥 즐겁기만 한 건 아니랍니다.

D 2
VENCE
"CÔTE D'AZUR"
CANNES-GRASSE
PLAN
Les Gardettes
Le Malvan
Vence

I love you

JOSETTE
SERALE
NEE BONIFACE
1928 - 2010

MB
GALERIE
FG

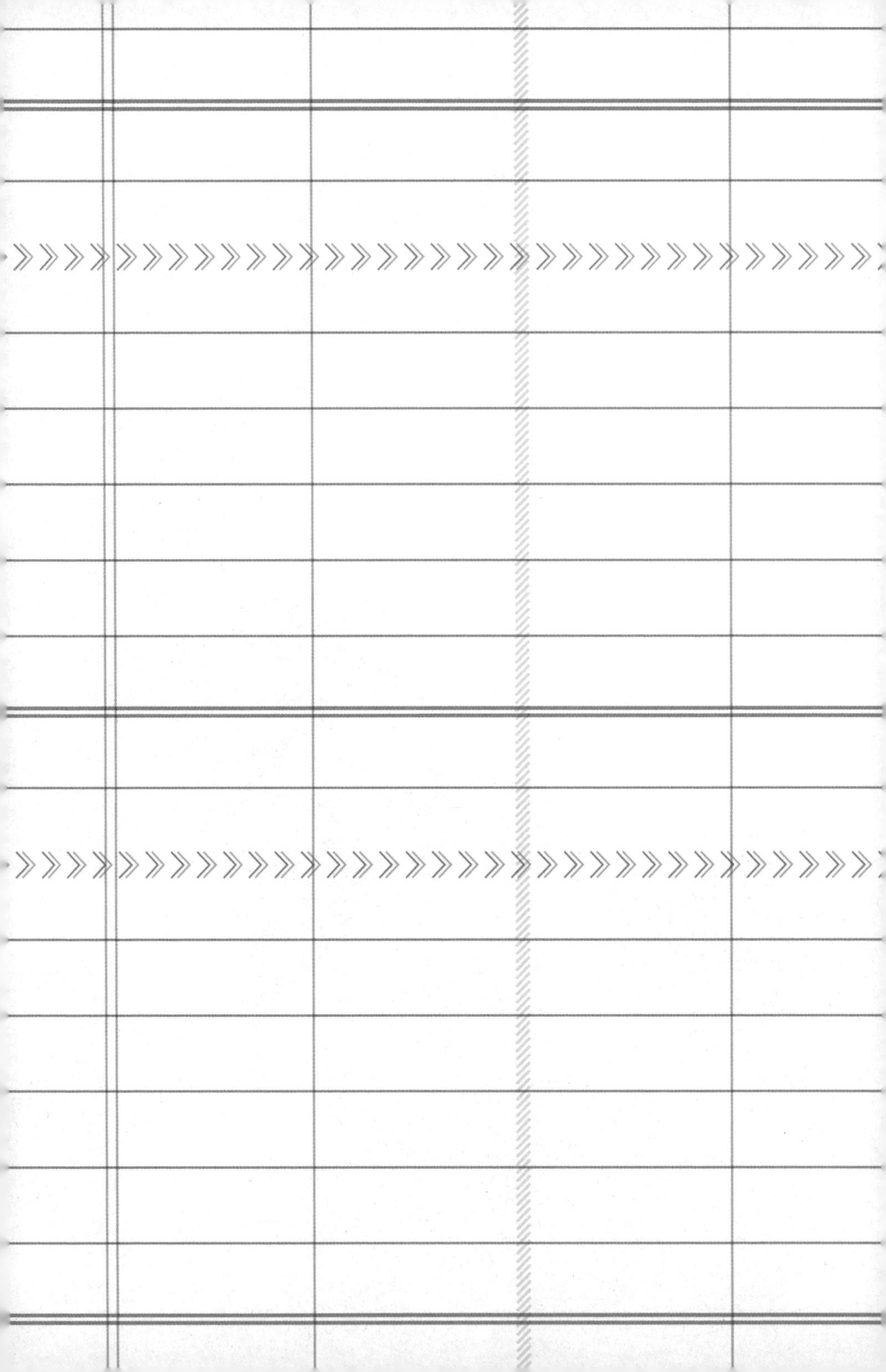

열한 번째 이야기

프랑스에 맛난 식당이 왜 몰려 있죠?

"아빠!

프랑스에는 왜 이렇게 맛집이 많아요?

산골 마을 구석구석 식당이 있고,

식당에는 사람이 그득하네요."

프랑스의 수도 파리는 말할 것도 없고 남프랑스 지방에도 미각을 자극하는 식당이 많습니다. 아비뇽에서 남프랑스의 아름다운 도시 니스로 이동해 호텔에 짐을 푼 다음 인근 마을 생 폴 드방스를 들렀는데, 마을에 미쉐린 쓰리 스타 레스토랑이 득실거립니다. 모나코에 살고 있는 친구(이하 '모나코 삼촌')의 말에 따르면, 미쉐린 레스토랑 중 절반이 파리에 분포하고 4분의 1이 남프랑스에 집중되어 있다고 합니다.

모나코의 아름다운 호텔, 에르미따주의 식당에서 모나코 삼촌이 사주는 맛난 밥을 먹다 말고 채훈이가 질문합니다.

"아빠! 프랑스에는 왜 이렇게 맛집이 많아요? 산골 마을 구석구석 식당이 있고, 식당에는 사람이 그득하네요."

여러 이유가 있겠죠. 직접적인 이유로는 프랑스가 부유하기 때문입니다. 산업혁명과 농업혁명 등을 거쳐 프랑스의 생산력이 팽창하니 사람들이 외식을 할 여유가 생겼죠. 실제로 19세기까지만 해도 유럽에서 가장 부유했던 런던 사람도 제대로 먹지 못했습니다.[24] 19세기 후반에서 세계 1차 대전까지 도시에 살던 근로계층은 수입의 절반 이상을 식비로 썼습니다. 총수입에서 집세로 20~30%, 땔감 구입비로 9%를 썼다고 하니 의복 등 다른 부분에는 돈을 쓸 여유가 없었던 셈입니다.

이런 상황에서 '미식'은 매우 비판받을 일이었습니다. 청교도 혁명 이후의 '엄숙주의' 문화가 부각되고, 대부분의 사람이 잘 먹지도 못하는 상황에서 맛난 음식, 특히 고급 와인을 마시면서 남들에게 자랑하고 품평하는 이들은 '포도주 속물wine snob'이라는 비아냥하는 말을 들어야 했죠.[25]

특히 프랑스 보르도 지방의 고급 와인을 지칭하는 '그랑 크뤼Grand Cru'라는 말은 예전부터 사용해왔는데, 원래는 고급 품질이라기보다 교통이 편리하다는 뜻에 가까웠습니다. 수로가 가까이 있어서 먼 곳까지 쉽게 수출할 수 있는 곳 혹은 파리 근처의 오를레앙처럼 포도주 생산지 근처에 대도시가 있어서 대규모 소비가 확실하게 보장된 곳이 그런 명성을 얻었죠.

그렇지만 이런 현상은 20세기에 접어들면서 완전히 달라집니다. 산업혁명 속에서 경제의 생산성이 날로 커지고, 비참했던 도시 근로자 계층의 삶도 조금씩 여유가 생겼기 때문이죠. 물론 도시 근로 계층이 아주 잘살게 된 것은 아닙니다만, 서서히 생존 문제에서 벗어나 주위를 살필 여유를 갖게 되었습니다. 못사는 동네의 길 하나를 두고서 서로 자신이 잘났다고 뻐기기 좋아하는 존재죠. 빈곤의 악순환에서 벗어나 여유가 생기면서부터 스스로를 차별화하려는 노력이 생겨났습니다.

제일 먼저 시작된 차별화 노력은 '의복'이었죠. 아무리 산업혁명이 진행 중이라고 해도 옷은 고가의 물건이었습니다. '선데이 베스트'라는 말을 들어보셨나요? 일요일에 가장 좋은 옷을 입고 교회에 나가는 것을 뜻합니다. 한국에서 추석빔을 맞춰 입는 것이랑 비슷하죠. 곡식을 수확해 1년 중 가장 풍요로울 때 추석빔을 맞춰 입고 친척을 만나는 행사가 프랑스에서는 20세기 초 선데이 베스트로 출현했던 셈입니다. 그러나 근로 계층을 벗어나 부르주아 계층으로 발돋움하는 사람들은 옷을 잘 차려입는 것만으로는 사회의 인정을 받기 힘들었습니다. 명품을 보고 이를 이해하는 능력, 즉 감식안(鑑識眼)을 가지고 있느냐가 '상류 계급' 편입의 조건이 되었죠.

이 대목에서 이탈리아의 피렌체를 지배했던 메디치 가문이 생각납니다. 메디치 가문이 처음부터 귀족은 아니었습니다. 시작은 부유한 상인이었죠. 그러다 은행업에 눈을 뜨고, 특히 나중에 교황이 되는 추기경(니콜라오 5세)을 후원하고 융자까지 해주면서 피렌체의 권력을 잡아 어마어마한 부를 축적했습니다.

그렇지만 피렌체를 지배하는 가문으로 우뚝 서기에는 부유함만으로는 부족했습니다. 메디치 가문이 지배하는 내내 끊임없이 다른 귀족 가문의 반란이 있었거든요. 실제로 1478년 4월 26일 유력한 라이벌 파찌 가문이 주도한 암살 시도에 메디치 가문의 차

남 줄리아노가 죽고, 가문의 수장이었던 로렌조마저 큰 부상을 입었습니다.[26]

교황의 후원을 받고 있고, 거대한 부를 지닌 메디치 가문이 끊임없이 위협에 시달렸던 이유는 어디에 있을까요? 다른 가문을 압도할 정도의 군사력을 가지지 못한 것도 한 요인이겠지만 '권위'를 가지지 못했던 것도 영향을 미쳤습니다. 즉 벼락부자가 권력을 가지게 된 것이 경쟁자가 도전하기 좋은 명분을 제공했다고 할 수 있겠죠.

이에 대한 메디치 가문의 대응이 예술가의 후원으로 이어졌습니다. 미켈란젤로나 레오나르도 다빈치 같은 천재를 어려서부터 후원하고, 그들이 그림이나 조각을 가져올 때마다 후하게 대접함으로써 메디치 가문이 '감식안'을 가지고 있음을 주위에 보여준 것입니다.

물론 아무 그림이나 조각에 돈을 주지는 않았죠. 자신들의 권위를 높일 수 있는 그림이나 조각, 특히 성경을 주제로 그린 그림에 메디치 가문의 남자를 '동방박사'로 등장시킨 경우에는 아주 후한 대접을 했다고 합니다.

15세기 메디치 가문의 예술 후원과 유사한 일이 19세기 미국에서도 나타납니다. 미국에서 '상류 계급'으로 인정받고 싶었던 사

| 〈동방박사의 행진〉
이탈리아의 화가 베노초 디 레세(Benozzo di Lese)의 작품으로, 그는 피렌체에서 메디치가의 도움을 받아 작품 활동을 했다. 이 그림은 메디치 궁전의 벽화로 남아 있는데 동방박사로 로렌초 일 마니피코를, 배후의 행렬에 그의 할아버지였던 코시모와 아버지 피에로, 그의 동생 줄리아노를 등장시켰다.

람들은 다락방을 뒤져 유럽에서 선조가 가져온 유물을 발굴하기 시작했습니다.

유럽에서 북미 대륙까지 그 먼 길을 오면서 깨지기 쉬운 물건을 가져오기는 힘들었을 겁니다. 그런데 만일 선조가 유럽에서 가져온 유물 중에 '중국산 도자기'가 있었다면 이건 이 집안이 유럽에서도 매우 부유했고 영향력이 있었음을 입증하는 증거가 되지 않겠습니까? 그래서 미국 사람들은 중국산 '골동품' 도자기 수집에 열을 올렸습니다. 물론 자신이 보유한 중국산 도자기가 유럽에서 대량 생산된 모방품이라는 게 들통 나는 경우에는 큰 곤경에 처했겠죠.

중국산 도자기 못지않게 자신의 '감식안'을 드러내는 방법은 미식이었습니다. 지금 마시는 와인이 어디에서 생산된 것인지, 요리가 어떤 면에서 독창적인지 파악하는 것은 상류 계급 사교의 핵심 요인으로 부각되었습니다. 그리고 이런 관심은 미쉐린 가이드 덕분에 더욱 확대되고 재생산되었습니다. 미쉐린 가이드는 이름에서 드러나듯 세계적인 타이어 회사 미쉐린이 1900년부터 만든 소책자에서 시작되었습니다.

자동차가 많이 팔리고 여행을 장려해야 미쉐린에서 생산되는

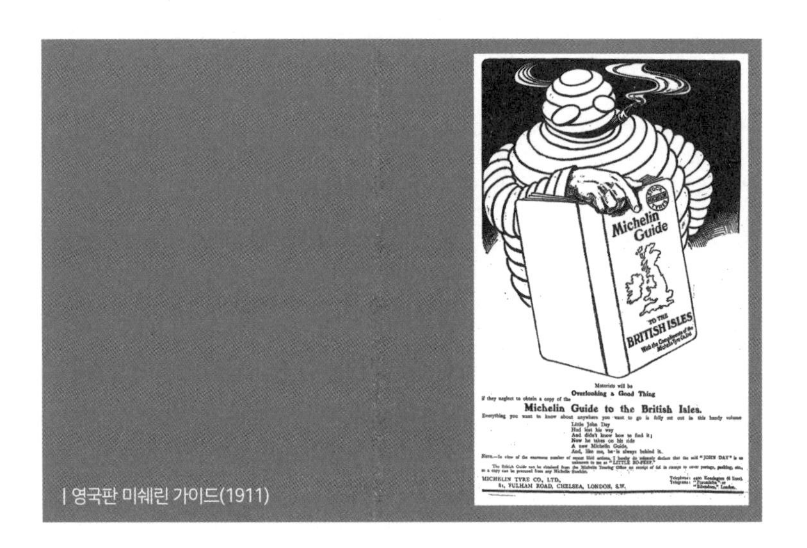

| 영국판 미쉐린 가이드(1911)

타이어도 잘 팔릴 테니 미쉐린 가이드는 시작부터 상업적인 의도를 가지고 있었습니다. 그러나 이 프로젝트는 예기치 못한 효과를 발생시켰습니다. 프랑스 사람의 '관심'을 끌어내면서 프랑스의 음식이 어마어마한 경쟁력을 갖추게 된 것입니다. 어떤 나라의 음식이나 특산품이 경쟁력을 가지기 위해서는 대중의 관심을 끌어내야 합니다. 그러지 않고서는 아무리 생산자와 공급자가 애를 써서 만들어봐야 '값이 비싸다'며 외면받을 뿐입니다.

이런 현상을 잘 보여주는 사례가 한국의 사과입니다. 한국 사람은 과일 중에 사과를 가장 많이 먹는데 사과 품종은 한두 가지에 불과합니다. 부사나 홍옥을 제외하고는 찾아볼 수가 없죠. 반면 프랑스는 다릅니다. 많은 사과 품종이 시장에서 팔리는데 각각의 사과는 용도가 다릅니다. 집에서 깎아 먹는 용도부터 요리에 사용하는 것까지 끝이 없죠.

대중의 관심은 사과에만 그치지 않습니다. 대표적인 사례가 바로 닭입니다. 프랑스의 대표적인 요리로 코코뱅coq au vin이 거론되듯 프랑스의 닭은 아주 유명합니다.[27] 프랑스어로 코르coq는 수탉, 뱅vin은 포도주를 뜻하니 '코코뱅'은 와인 속 수탉이라는 뜻입니다. 프랑스 사람이 좋아하는 게 모두 들어 있다고 볼 수 있습니다. 요리법은 간단합니다. 닭고기에 밑간을 해서 구운 다음 와인을 충분히 넣고 끓이다가 약한 불로 1시간 넘게 조린 후, 와인이 자작해질 때쯤 양파나 버섯 같은 야채를 넣고 좀 더 조리면 완성됩니다.

이렇듯 프랑스 사람은 닭을 엄청 좋아합니다. 따라서 닭의 품종과 종류를 지역별로 상세하게 구분하는데 프랑스의 소비자는 그 차이를 잘 알고 있습니다. 예컨대 국물 낼 때 쓰는 닭, 프라이드치킨 만들 때 쓰는 닭, 찜닭을 요리할 때 쓰는 닭을 구분해서 그에 적합한 닭을 쓰는 식입니다. 프랑스에서는 일반적인 암탉은 고기로 먹지 않고 치킨 스톡(육수)을 내는 데 씁니다. 특정 요리를 할 때는 특정 사이즈의 거세한 수탉을 써야 하는 등 매우 복잡하고 어려운 '상식'을 프랑스 소비자는 어려서부터 알고 있습니다.

반면 한국 사람은 정반대입니다. 한국에서 닭은 일상재commodity입니다. 일상재란 말 그대로 대중이 큰 의미를 부여하지 않는 상품이라는 뜻입니다. 이렇게 되면 가격이 제일 중요합니다. 생산자도 이런 이유를 잘 알기에 한국에서 팔리는 닭이 날이 갈수록 작아집니다. 닭에서 못 먹는 부위와 내장을 제거한 지육의 무게가 1킬로그램이면 10호 닭, 900그램이면 9호 닭입니다. 10여 년 전만 해도 시중에서 표준화되어 유통되는 닭들 중 가장 작은 닭은 8호 닭이었지만, 이제는 6호 사이즈가 가장 작습니다.

왜 이렇게 한국의 닭이 작아졌을까요? 한국 소비자가 연한 고기를 좋아해서 그렇다고 볼 수도 있지만, 작은 닭이 가장 채산성이 높기 때문입니다. 닭을 크게 키우려면 사료가 많이 들죠. 반대로 작은 닭을 키우는 데는 석 달도 채 걸리지 않기에 닭을 사육하는 사람 입장에서 보면 큰 이익입니다. 가장 빠르게 살을 찌우는 시기까지만 기르고 파니까 생산의 효율이 높아지거든요.

그러나 프랑스 닭은 매우 큽니다. 프랑스에서는 '뿔레Le Poulet'가 닭을 지칭하는 일반적인 표현인데 기본적으로 1.3kg 이하, 1.3~1.7kg, 1.7~2.2kg, 그리고 그 이상의 네 사이즈로 나뉩니다. 우리랑 완전 다르죠.

| 브레스 닭 ©Aleks by Wikimedia Commons

한국에서 보통 1kg 생닭 한 마리는 산지에서 1,000원대, 대형 마트에서 5,000~7,000원대에 팔리는데 반해, 프랑스에서 브레스 닭은 1kg에 2만 원 정도에 팔립니다. 여기서 브레스Bresse란 품종의 이름이면서 동시에 지역 명칭이기도 합니다. 하얀 몸에 붉은 벼슬과 파란 다리의 닭으로 반드시 브레스 지방의 목초지에서 방목으로 길러져야 하며, 특히 마리당 생육 공간은 무려 최소 10평방미터 이상이어야 한다는 규정이 있습니다. 이렇게 귀하게 키우다 보니 파리의 레스토랑에서 파는 브레스 닭 요리는 보통 10만 원을 넘습니다.

특히 프랑스의 음식 문화가 꽃피우게 된 데는 '지리적 표시제'도 큰 영향을 미쳤습니다. 대표적인 예가 '샴페인'입니다. 와인 안에 사이다처럼 기포가 들어간 것을 모두 샴페인이라고 부르지만, 프랑스에서는 아무 와인이나 그런 이름을 붙일 수 없습니다. 프랑스 샹파뉴라는 원산지 명칭과 출처 표시가 상품명에 들어가 있고, 다른 지역에서 생산된 기포 와인은 절대 '샴페인'이라는 이름을 사용하지 못하도록 정부가 엄격하게 통제하죠.

이상과 같은 정부의 보호와 미쉐린 가이드 등을 통한 음식 문화에 대한 관심 고조로 프랑스의 각 지역 산물도 모두 다른 이름과 특색을 가진 독자 상품으로 구분됩니다.

이렇게 사람들이 큰 관심을 보이는 대상을 경영학에서는 고(高)관여 제품이라고 합니다. 여기서 관여도란 관심의 강도, 흥미의 정도, 개인의 중요도의 정도를 뜻합니다. 대표적인 고관여 제품은 자동차입니다. 자동차는 자신의 지위나 관심을 보여주는 중요한 '수단'처럼 취급되어 소비자의 관심이 아주 높습니다. 반면 저(抵)관여 제품은 오로지 '가격'이 제일 중요합니다. 소비자는 저관여 제품의 차이에는 관심이 없어 누군가가 값을 싸게 매기는 순간 순식간에 옮겨 갑니다.

결국 한국 사람에게 닭은 저관여 제품이지만 프랑스 사람에게는 고관여 제품인 셈입니다. 그 덕에 프랑스는 미식의 나라가 되었습니다. 물론 한국도 희망이 없는 것은 아닙니다. 대표적인 사례가 '라면'입니다. 라면은 대표적인 저관여 제품이지만 최근 한국에서는 고관여 제품으로 점점 탈바꿈하고 있습니다. 매일처럼 새로운 제품이 쏟아지며 과거와 경쟁의 지형이 완전히 달라지고 있으니까요. 예전에는 빨간 국물의 라면 일색이었지만 지금은 아주 다채로워졌습니다. 당장 저희 집만 해도 좋아하는 라면이 제각각입니다. 물론 다른 사람이 끓여주면 맛나게 먹습니다만 자기가 끓일 때는 선호하는 라면만 먹게 되죠.

프랑스 음식이 왜 그렇게 유명할까?

해답은 그만큼 프랑스 사람이 관심을 많이 가지고 있기 때문입니다. '미식 붐' 속에 비슷한 소득 수준임에도 영국 요리가 처참한 수준이라는 것을 감안할 때 무조건 소득이 증가한다고 그 나라의 음식이 맛있어진다고 말할 수는 없겠네요.

이런 면에서 한국 음식도 세계적인 '미식 붐'의 대상이 될 가능성이 높습니다. 한국의 불고기, 설렁탕, 라면은 해외로 출장을 가거나 여행을 나갈 때마다 예전보다 더 자주 보게 되거든요. 음식이 점점 고관여 제품이 되는 흐름임을 감안하면 한국 음식이 세계적인 유행을 탈 날이 멀지 않은 듯합니다.

파리 상제리제 거리의 맛집,
레옹(Leon de Bruxelles)에서
먹은 홍합 요리.

열두 번째 이야기

파리의 쇼윈도를 닦는 사람은 왜 모두 유색 인종이죠?

"아빠! 아까 그 사람들 너무 무서웠어요.
스타벅스가 일찍 문을 열지 않았다면 큰일 날 뻔했어요.
그런데 한 가지 궁금한 게
진열되어 있는 상품이나 가게가 하나같이 멋진데
쇼윈도를 닦는 사람은 전부 유색 인종이고,
백화점이나 숍에 일하는 사람은 전부 백인이네요. 왜죠?"

프랑스의 수도 파리는 세계적인 쇼핑의 도시입니다. 세계 최초의 백화점인 봉마르쉐는 말할 것도 없고 에르메스와 루이뷔통 등 유명 브랜드의 숍이 그득합니다. 특히 오페라 가르니에에서 루브르 박물관에 이르는 길 양쪽은 세계적으로도 유명한 쇼핑의 거리입니다. 인적이 드문 새벽 이슬람계 청년 강도들에게 쫓기다 허겁지겁 뛰어 들어간 명품 거리의 스타벅스에서 채훈이가 묻습니다.

"아빠! 아까 그 사람들 너무 무서웠어요. 스타벅스가 일찍 문을 열지 않았다면 큰일 날 뻔했어요. 그런데 한 가지 궁금한 게 진열되어 있는 상품이나 가게가 하나같이 멋진데 쇼윈도를 닦는 사람은 전부 유색 인종이고, 백화점이나 숍에 일하는 사람은 전부 백인이네요. 왜죠?"

왜 그럴까요?

크게 두 가지 요인이 영향을 미쳤다고 볼 수 있습니다. 첫째는 노동시장에 존재하는 정보의 비대칭 문제입니다. 정보의 비대칭이라는 말을 들으면 어렵게 생각되지만 우리가 늘 경험하는 일입니다. 정보의 비대칭이란 거래의 양측이 가진 정보가 동일하지 않은 상황을 말합니다. 이런 상황을 잘 보여주는 사례가 중고차 매매죠. 중고차 시장에서는 출시한 지 1년도 안 된 새 차가 헐값에 팔리는 것을 쉽게 찾아볼 수 있습니다. 왜 중고차 시장에서는 자동차의 품질에 따라 적정한 가격이 책정되지 않고 신차에 비해 터무니없이 가격 하락을 겪는 걸까요?

세계적인 석학 조지 애커로프George Akerlof는 1970년 이에 대해 매우 설득력 있는 답을 제시했습니다. 개인으로서는 어떤 중고차가 좋은지 혹은 나쁜지 도무지 알 방법이 없기 때문이라는 겁니다.

예를 들어 잔고장도 없고 연비도 좋은 차를 몰고 다닌 사람 입장에서는 좋은 값에 차를 팔고 싶어 하지만, 중고차를 매수하려는 사람은 그런 정보를 믿을 수 없기에 일단 가격을 후려친다는 것입니다. 이런 관행 때문에 사고도 없고 연비도 좋은 차를 가지고 있는 사람은 당연히 중고차 시장에 차를 내놓기보다 주위의 지인에게 차를 팔 것입니다. 상대편 역시 기꺼이 중고차 시장보다 높은 가격에 차를 인수하려 들 것이기 때문이죠. 지인에게 나쁜 차를 비싼 값에 팔 경우 주위 사람에게 욕먹고 평판이 바닥에 떨어질 게 뻔한데 그런 위험을 무릅쓰면서 차를 팔 사람은 없지 않겠습니까. 다시 말해 한번 보고 말 사이가 아니라면 안 좋은 차를 팔지 않을 것이라는 것이죠.

이와 같은 중고차 시장의 문제를 해결할 방법은 없을까요? 가장 쉬운 방법은 최근 몇몇 중고차 업체가 도입한 '품질 보증제'입니다. 차량 구입 이후 최소 6개월 이내에 발생하는 차량 고장에 대해서는 전액 실비로 보상하거나 차를 환불해주는 것이죠.

그렇다면 이를 고용 시장에 적용해 구직자가 기업에게 자신이 뛰어난 인재임을 알릴 수도 있지 않을까요? 이 아이디어를 실제로 적용한 제도가 '인턴십'입니다. 1개월 혹은 6개월 정도 함께 일해 본 다음 채용하면 그 사람이 정말 뛰어난 인재인지 판별할 수 있을 겁니다. 그러나 여기에도 한 가지 문제가 있는데 '무임승차'의 가능성입니다. 일자리를 찾는 젊은이를 인턴으로 고용해 짧게는 수개월 심지어 수년 간 뼈 빠지게 부려먹은 뒤 정식으로 고용하지 않는 등의 악덕 행위를 하는 기업을 만날 수 있기 때문이죠. 일본에서 유행했던 이른바 '블랙기업'이 일삼는 이런 행태를 우려해 구직자가 인턴십을 기피하는 경향이 생길 수도 있습니다.[28]

정보의 비대칭 문제를 해결하는 또 다른 방법은 '비용을 들이는 신호'입니다. 우리말로 바꾸다 보니 표현이 조금 어색합니다만, 실제 우리 삶에서 너무나 자주 목격하는 일입니다. 대표적인 '비용 들이는 신호'는 마음에 드는 이성을 만났을 때 직접적으로 '당신이 좋아요!'라고 말하기보다 좋은 음식점에서 맛난 음식을 사주는 것입니다. 왜냐하면 이성에게 '당신을 만나는데 이 정도의 비용은 아무것도 아닐 정도로 당신에게 관심 있습니다'라는 뜻을 효과적으로 전달할 수 있기 때문이죠.

여기서 짝 찾기 이야기를 하는 이유는 노동 시장과 아주 비슷하기 때문입니다.[29] 미혼 남녀는 완벽한 짝을 찾는 노력을 계속할 수 있지만, 우리의 시간은 무한정하지 않으니 어느 순간에는 탐색을 중단해야 합니다. 마찬가지로 노동 시장 참가자는 현재로써 최선의 선택을 받아들일지, 아니면 계속 탐색할 것인지 결정을 내려야 합니다. 자칫 잘못하면 장기 실업자가 될 수 있으니 무한정 탐색할 수는 없습니다.

1929년 세계 경제 공황을 대상으로 진행한 최근의 연구에 따르면, 장기 불황기에 졸업한 학생은 다른 시기에 졸업한 학생에 비해 평생 소득이 낮다고 합니다. 취직을 못하고 오랜 기간 실업자로 지내면 기업 입장에서 '이 사람에게 문제가 있는 게 아닌가' 하고 생각하기 쉽다는 말입니다.

그런데 기업의 인사 담당자에게 자신이 다른 사람보다 뛰어난 능력을 가지고 있음을 어떻게 알릴 수 있을까요? 데이트할 때랑 비슷합니다. 매력적인 이성을 만날 때 '말'이 아니라 '행동'을 보이라고 조언했듯 노동 시장에서도 마찬가지입니다. 내가 다른 구직자에 비해 뛰어난 점이 있다는 것을 자기소개서에 아무리 많이 써봐야 소용없습니다. 증거가 없으니까요. 이럴 때 효과적인 게 '학벌'입니다.

기업의 채용 담당자는 뛰어난 사람을 찾아내서 기업의 수익성을 높이고 싶어 합니다. 그렇다면 고용주는 어떻게 재능 있는 사람을 알아볼까요? 예를 들어 재능 있는 사람만이 좋은 대학에 입학해 좋은 학점을 받아 졸업할 수 있다고 가정해 보죠. 재능 있는 사람은 대학을 졸업함으로써 자신의 재능을 증명해 보일 수 있습니다. 대학에서 쓸모 있는 지식을 얻지 못했다 해도 이를 통해 자신이 재능 있다는 것을 기업의 인사 담당자에게 설득할 수 있습니다.

물론 대학 졸업자가 더 똑똑하다고 주장하는 것은 아닙니다. 다만 그 사람이 초등학교부터 대학교까지 16년에 걸친 긴 시간 동안 많은 어려움을 견뎌내고 어떻게든 학업을 마무리할 수 있었다는 것은 그의 '성실성'을 보증하는 것으로 볼 수 있죠.[30] 아무튼 이런 까닭으로 학생들은 공부에 그렇게 취미가 없더라도 대학을 진학하여 좋은 학점을 받기 위해 노력합니다. 대학 진학이라는 매우 비싼 '신호'를 전달하는 셈입니다.

그러나 이주 노동자에게 이 해법을 적용할 수는 없습니다. 식당을 경영하는 주인이 사람을 채용하는데 외국인 노동자가 응모한다면 그의 학벌은 그리 중요하지 않을 것입니다. 왜냐하면 그의 학력이나 지적 수준을 검증할 방법이 없기 때문이죠. 또한 졸업장을 들고 온들 그 졸업장이 진짜인지 검증하기도 쉽지 않습니다. 결국

이럴 때 '역선택' 문제가 등장합니다. 역선택이란 중고차 시장에서 차를 사는 사람이 처음부터 '싼 차만 사겠다'고 마음먹는 것을 말합니다. 이 사례를 이주 노동자 채용에 적용하면 '무턱대고 임금을 깎는 것'이 되겠죠. 어차피 그의 '성실성'이나 '능력'을 검증할 방법이 없다면 아예 임금을 적게 주는 겁니다.

물론 이주 노동자 입장에서는 엄청 화나는 일입니다. 자신의 능력은 훨씬 뛰어난데 제대로 된 대접을 받지 못하니까 말입니다. 그러나 한국이나 프랑스같이 잘사는 나라는 1인당 국민소득이 3만 달러 혹은 그 이상입니다. 반면 방글라데시나 알제리처럼 가난한 나라의 경우는 1인당 국민소득이 1천 달러 안팎입니다. 한국에 비해 1인당 소득이 30분의 1에 불과하죠. 따라서 아무리 한국의 고용주가 '역선택' 전략을 써서 저임금을 준다고 해도 수년간 모으면 고향에서는 부자로 살 수 있기 때문에 울며 겨자 먹기로 받아들입니다.

이런 까닭에 파리의 쇼윈도를 닦는 사람은 전부 유색 인종이 되었습니다. 그리고 이는 또 다른 문제를 낳습니다. 사회 전체의 불

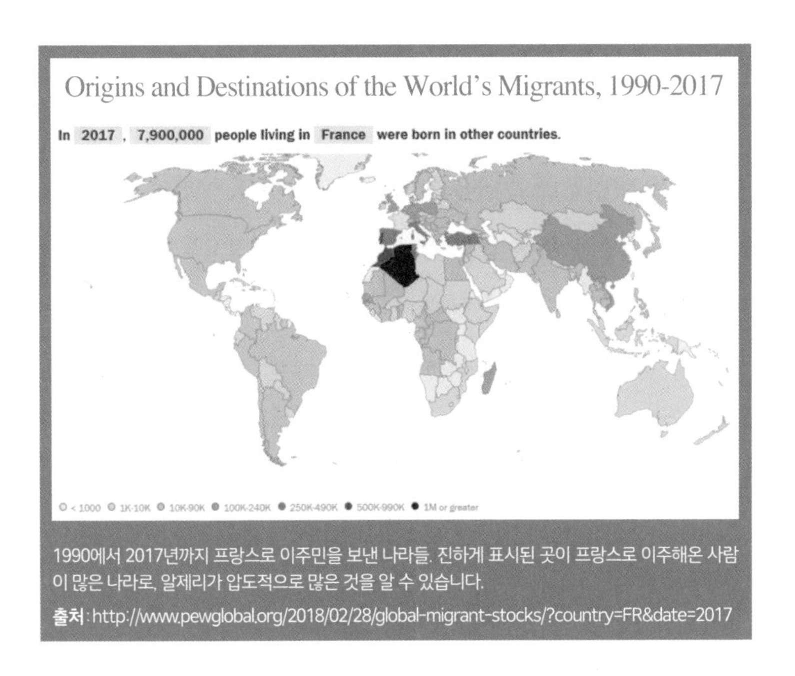

1990에서 2017년까지 프랑스로 이주민을 보낸 나라들. 진하게 표시된 곳이 프랑스로 이주해온 사람이 많은 나라로, 알제리가 압도적으로 많은 것을 알 수 있습니다.

출처: http://www.pewglobal.org/2018/02/28/global-migrant-stocks/?country=FR&date=2017

평등을 심화시킨다는 점입니다. '역선택' 문제에도 불구하고 이주 노동자가 한국이나 프랑스에 살기로 결심했고, 나아가 고향의 친인척마저 초청해서 눌러앉기 시작하면 기존 한국이나 프랑스 노동자에게는 심각한 위협이 될 것입니다. 왜냐하면 일단 수년간 일하면서 말을 배운데다 저임금을 받더라도 일하려 들 것이기 때문입니다. 특히 프랑스처럼 해외에서 태어난 사람이 무려 790만 명(프랑스 전체 인구 6,690만 명의 11.8%)에 이르면 사회 경제 전체에 미치는 영향은 어마어마할 수밖에 없습니다.

대규모 이주가 가져오는 가장 큰 변화는 선진국 저소득층의 몰락입니다. 낮은 임금에도 일하려는 이주 노동자가 대거 유입되니 프랑스의 저임금 근로자는 큰 피해를 입습니다. 예전에는 프랑스 사람끼리 똘똘 뭉쳐 파업하고, 노조를 만들어 정치적인 운동을 전개해서 임금의 하락을 막을 수 있었습니다. 그러나 해외에서 이주해온 사람들과 프랑스 사람이 '연대'하기는 쉽지 않습니다. 아니 오히려 '차별'하고 적대 행동을 할 가능성이 높습니다. 실제로 2017년 치러진 프랑스 대선의 득표율 현황을 살펴보면 대도시와 교육수준이 높은 지역일수록 마크롱 후보의 지지율이 높았던 반면 지방의 쇠락한 산업도시 주민일수록 인종 차별 정책을 내세운 르펜 후보의 지지율이 높았습니다.

이처럼 적대적인 분위기에서 이주민은 어떤 태도를 보였을까요? 같은 문화권에서 이주했다면 모를까, 알제리 등 과거 프랑스 식민지 통치를 받은 이슬람권에서 온 이주민끼리 모여사는 게토가 형성되었습니다.

우리나라에는 게토를 찾기 힘들지만 유럽에 가면 이주민의 게토가 대도시마다 존재합니다. 물론 유럽에서 드문 색다른 음식을 맛볼 수 있는 곳이기는 하지만, 이런 식으로 문화와 종교가 다른 사람이 모여 살면 더욱 차별과 응집이 심화됩니다.

서로 간의 갈등이 폭발한 예가 '부르카 금지법'입니다. 2011년 프랑스 의회는 이른바 '부르카 금지법'을 제정했는데, 이 법에 의해 프랑스에서는 공공장소에서 '부르카'나 '니캅'처럼 몸 전체를 가리는 이슬람 전통 복장 착용이 전면 금지되었습니다. 이를 위반하면 최대 150유로의 벌금을 내야 합니다.

이슬람의 여성 전통 의상은 가림의 정도에 따라 몇 가지로 나뉘는데 두건처럼 머리와 목을 감는 '히잡hijab', 얼굴을 제외하고 몸 전체를 가리는 '차도르chador', 눈만 제외하고 얼굴과 몸 전체를 가리는 '니캅niqab' 등이 있습니다. 특히 '부르카burka'는 가림의 정도가 가장 심한데 얼굴은 물론 손을 포함해 몸 전체를 가리는 것을 말합니다. 눈 또한 망사로 가려야 합니다.

부르카 금지법을 처음으로 제정한 나라는 벨기에로 '테러 방

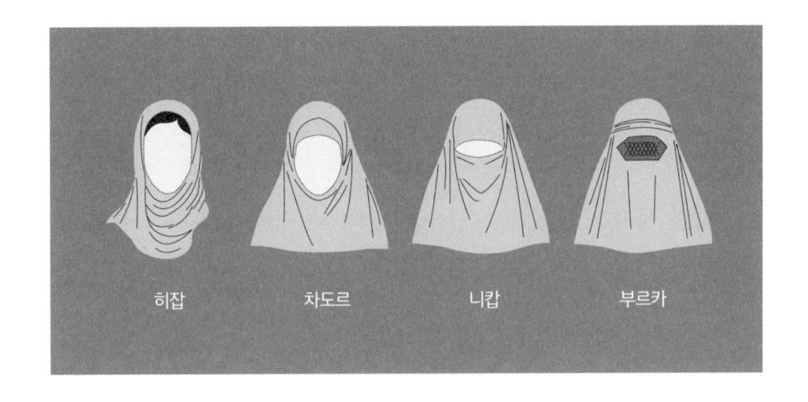

지' 차원에서 부르카 착용을 금지했죠. 그러나 이 조치에 저항해 급기야 파키스탄 출신의 한 프랑스 여성이 유럽인권재판소에 '부르카 금지법'이 종교의 자유를 침해하는 차별 제도라며 제소했습니다. 이에 대해 2014년 7월 1일 유럽인권재판소는 유럽인권보호조약에 위반되지 않는다고 최종 판시했습니다. 이 법이 특정 종교를 차별하는 게 아닐 뿐만 아니라, 다양한 사람이 어울려 사는 사회에서 '얼굴'은 사회적 상호작용에 중요한 역할을 하기 때문에 공공장소에서의 얼굴 가림을 규제하는 것은 과잉 규제로 볼 수 없다는 것이 결정의 주된 내용이었습니다.

그러나 이 법안은 2001년 9월 11일의 동시다발 테러 이후 이슬람에 대한 차별이 심화되는 환경과 맞물려 이슬람계 주민의 큰 반발을 불렀습니다. 그들의 입장에서는 이슬람이라는 특정 종교에 대한 차별적 판단이라고 생각했고, 신념의 자유를 침해한 결정이라는 반발이 뒤따랐습니다. 그러나 안타깝게도 프랑스에서는 이 법안에 대한 찬성 의견이 압도적으로 우위를 차지하는 것 같습니다.

이런 상황을 종합해 보면 이주민이 왜 저임금 직종에 주로 종사하는지 이해가 됩니다. 처음에는 이주민의 '능력'을 파악할 수 없어서 시작되었던 저임금 지급이 시간이 흐르면서 피부색과 종교가 다른 사람에 대한 차별로 이어졌다고 하겠습니다.

물론 교육을 통해 차별을 극복할 수도 있습니다만, 사회적으로 격리되고 지속적인 편견이 강화되는 상황에서 그렇게 의지가 굳건한 학생은 많지 않을 것입니다. 특히 '열심히 노력해 봐야 소용없어'라고 생각하는 사람이 늘어날수록 학생들은 이른바 '학습된 무기력'에 빠져들기 쉽습니다.

학습된 무기력이란 말 그대로 '넌 안 돼'라는 말을 듣는 사람이 점점 힘이 빠져 결국 부진한 성과를 내는 현상을 말합니다. 반대로 주위에 열정이 가득한 사람이 모여 있고, 또 서로 격려한다면 점점 더 큰 성과를 낼 수도 있죠. 특히 청소년 시기에는 주위 환경과 격려, 사회 집단의 압력이 큰 영향을 미친다는 점에서 학습된 무기력이 이주민 집단의 청소년의 장래에 악영향을 주지 않을까 걱정됩니다.

제가 이 주제를 마지막에 넣은 이유가 여기에 있습니다. 아들 채훈이와 우진이가 학습된 무기력에 빠져들지 않기를 바라는 마음 때문이죠. 아름다워 보이는 파리의 새벽은 누가 만드는지, 밤길을 다니기 어렵게 만드는 소매치기와 강도가 어디서 나왔는지 말하고 싶었거든요. 물론 우울한 이야기입니다. 여행 가면서 꼭 이런 이야기를 읽어야 하냐고 생각하는 사람도 있을 겁니다. 그렇지만 어떤 대상을 진실로 이해하기 위해서는 좋은 점뿐만 아니라 불편한 부분도 알아야 한다고 생각합니다.

특히 한국에 사는 외국인이 200만 명을 넘어서는 등 프랑스의 사례도 먼 나라의 일이 아니라는 점도 알아야 합니다. 한국 사람과 문화와 관습이 다른 사람을 우리가 어떻게 대해야 할지, 양극화가 끝없이 심화되면 사회에 어떤 일이 벌어지는지 고민해 보자는 말입니다. 지금부터라도 잘 대응한다면 더 좋은 미래를 만들 수 있지 않겠습니까.

이런 이야기를 여행길에서 자녀와 나눠 보면 좋겠습니다. 무엇 때문에 공부하고 어떤 목표로 살아갈 것인지 서로의 의견을 주고받으며 한 단계 발전하는 계기가 된다면 이 책은 제 역할을 다했다고 할 수 있습니다.

아침 파리 거리의 쇼윈도.
파리의 가게들은 개성적인 디스플레이로 눈길을 사로잡는데,
사실 그보다 놀라웠던 것은 밤에 비가 왔는데도 불구하고
유리창이 한결같이 깨끗했다는 점이다.
새벽부터 일하는 수많은 청소부들이
유색 인종이라는 것에 참 많이 놀랐던 아침이다.

'열두 번째 이야기'에서 프랑스의 반反 이민 흐름에 대해 이야기를 나눴는데, 사실 이런 현상은 프랑스에만 국한되지 않습니다. 지난 2016년 6월 영국의 '브렉시트Breixt' 국민투표의 가결이 좋은 예가 될 것 같습니다. 여기서 브렉시트란 영국British에 이탈Exit이라는 말을 붙여 만들어진 신조어죠. 한마디로 영국이 유럽연합EU을 탈퇴하는 국민투표가 예상과 달리 통과된 것을 의미합니다.

이에 대해 세계적인 경제지 〈이코노미스트〉는 런던의 패배라고 설명합니다. 즉 런던을 비롯한 부유한 지역의 사람들은 EU 탈퇴에 반대표를 던진 반면, 지방의 저소득층은 EU 탈퇴에 적극적인 찬성 의사를 밝혔다는 것입니다. 그럼 왜 영국의 지방 사람들과 저소득층이 EU 탈퇴를 적극 지지했는지 그 이유를 살펴보겠습니다.

오른쪽의 그래프는 세계은행 이코노미스트를 지낸 브랑코 밀라노비치 박사가 제시한 것으로, 그래프의 가로축은 세계 전체 인구에서 각 개인의 '소득 수준'을 의미합니다. 예를 들어 5%는 소득 최하위 5% 계층을 의미합니다. 반대로 95%는 세계 최상위 5%를 의미한다고 보면 됩니다. 그래프의 세로축은 1988년 이후 2008년까지 20년에 걸친 각 소득 계층의 실질소득 증가율을 나타냅니다.

여기서 실질소득이란 물가 상승률을 뺀, 말 그대로의 실질적인 소득 증가율을 의미합니다. 예를 들어 연봉이 10% 올랐는데 같은 기간 전세 값이 20% 상승했다면, 실질적인 소득은 오히려 줄어들었을 수도 있지 않겠습니까? 특히 밀라노비치 박사처럼 세계인의 소득 변화를 측정하려면 각국의 명목소득을 비교하면 안 됩니다. 왜냐하면 나라마다 환율이 다르기 때문에 이를 달러 등 특정 나라의

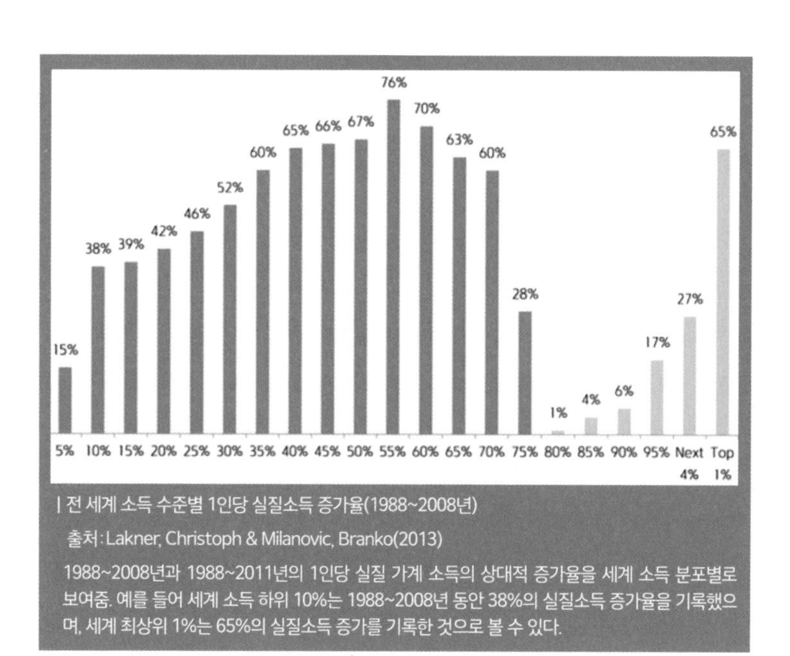

| 전 세계 소득 수준별 1인당 실질소득 증가율(1988~2008년)

출처: Lakner, Christoph & Milanovic, Branko(2013)

1988~2008년과 1988~2011년의 1인당 실질 가계 소득의 상대적 증가율을 세계 소득 분포별로 보여줌. 예를 들어 세계 소득 하위 10%는 1988~2008년 동안 38%의 실질소득 증가율을 기록했으며, 세계 최상위 1%는 65%의 실질소득 증가를 기록한 것으로 볼 수 있다.

환율로 조정하고 실질적인 소득 변화를 비교해야 하기 때문입니다.

아무튼 이런 힘든 과정을 거쳐 세계인의 소득 변화를 측정했더니 두 가지 특징적인 현상이 나타났습니다. 첫 번째 현상은 저소득 국가 사람들의 소득이 빠르게 증가했다는 겁니다. 중국과 인도 등 거대한 인구 대국이 오랜 침체에서 벗어나면서 성장한 게 큰 힘이 되어, 전 세계 소득 하위 10~70%에 있던 사람들의 소득은 20년에 걸쳐 적게는 38%에서 많게는 76% 높아졌습니다. 그러나 선진국의 하위 계층(그래프의 소득 상위 20~10% 계층) 사람들의 소득은 20년간 거의 늘어나지 않았습니다. 왜냐하면 중국산 저가 공산품이 물밀듯 수입되면서 경쟁력이 약한 선진국 제조업체를 파산시킨데다, 외국인 노동자가 유입되어 '학력이나 기술이 중요하지 않은' 이른바 저임금 저숙련 근로자 공급을 늘렸기 때문입니다.

제가 앞에서 잠깐 이야기했듯, 외국인 근로자의 교육 및 기술 수준을 검증할 방법이 쉽지 않기 때문에 '가격을 일단 후려치고 본다'고 말하지 않았습니까? 그런데 이런 전략은 기대 이상의 효과를 거두는데, 바로 사용자 입장에서는 근로자의 임금 수준을 낮게 유지할 강력한 '수단'을 확보하게 되었기 때문입니다. 쉽게 말해 영국의 저임금 근로자가 '임금을 올려달라'고 요구하면 그를 해고하고 폴란드 출신의 외국인 노동자를 고용하겠다고 위협하는 겁니다. 참

고로 영국에 이주한 외국인의 상당수가 동유럽 출신 폴란드 사람입니다. 폴란드 사람이 영국에 대거 이주할 수 있었던 것은 폴란드가 EU에 가입해 거주 이전의 자유를 얻었기 때문입니다. 즉 EU에 가입한 나라는 이른바 '솅겐 조약Schengen agreement'을 준수할 의무를 지니는데, 이 조약은 EU에 가입한 나라의 국민이 자유롭게 EU 가입국으로 이동하고 직장을 구할 수 있도록 허용하고 있습니다.

물론 이 조약은 영국의 가난한 근로자들에게는 큰 위협이 되었지만, 반대로 영국의 사용자들에게는 어마어마한 이익을 가져다주었죠. 게다가 EU 가입 이후 자유롭게 투자하고 무역할 수 있는 거대 시장이 열린 것도 영국의 상위 1% 사람들의 소득을 높이는 결과를 가져왔습니다.

이 결과 브렉시트 투표 때 영국의 부유한 지역 사람들은 이에 EU 탈퇴를 반대한 반면, 가난한 지역 사람들은 EU 탈퇴를 적극 찬성했습니다. 그리고 세대별로도 찬반이 크게 엇갈렸습니다. EU라는 거대한 시장을 적극적으로 활용할 수 있는 젊은이들과 해외에서 이주한 사람들은 EU 탈퇴를 강하게 반대했습니다. 반대로 세상의 변화에 거부감을 느낀, 그리고 미래에 지급받을 것으로 기대했던 연금이 혹시 지급되지 않을 수도 있다고 걱정한 노년층들은 EU 탈퇴에 적극 찬성했죠.

영국이나 프랑스가 겪고 있는 외국인 근로자 문제는 아직은 '남의 나라' 이야기처럼 비춰질 수도 있습니다. 그러나 한국에 살고 있는 외국인 수가 이제 200만 명을 넘어서고, 한국의 소득 수준이 가파르게 상승하면서 한국으로의 이주를 꿈꾸는 저소득 국가의 사람들이 늘어나는 것을 감안할 때 언제까지 한국이 이 문제로부터 자유로울 수는 없을 것 같습니다.

기업이나 정부 입장에서 보면 외국인 근로자 유치는 아주 권장할 일이겠죠. 일단 낮은 임금의 근로자를 확보할 수 있을 뿐 아니라, 인구 감소의 위험을 제거하는 데 도움이 될 것이기 때문입니다. 반면 한국의 저임금 근로자들에게 외국인 근로자들은 심각한 위협이 될 수밖에 없습니다. 실제로 한국 정부가 제공하는 '임금근로시간정보시스템'에 따르면, 5~9명의 근로자를 고용하는 영세 사업장의 연봉은 2009년 2,390만 원에서 2016년 2,937만 원으로 단 22.9% 상승하는 데 그쳤습니다. 반면 500명 이상의 근로자를 고용하는 대기업의 연봉은 같은 기간 4,383만 원에서 6,166만 원으로 40.7% 상승했습니다.

즉 한국도 외국인 근로자의 유입 속에 영국이나 프랑스 등 선진국이 겪었던 일을 반복하고 있는 셈입니다. 물론 정부가 일체의 외국인 유입을 차단하고, 공권력을 투입해서 외국인 불법 체류자를 검거하고 추방하는 등의 조치를 취한다면 이런 현상은 완화될 수도 있습니다. 그러나 한국은 미국이나 유럽, 중국 등 주요 교역국과 자유무역협정FTA를 맺은 나라입니다. 한마디로 자유로운 무역과 거래 덕분에 부유해진 나라죠. 그런데 우리가 일거에 외국인을 추방하고, 또 폐쇄적인 나라로 돌아갈 수 있을까요?

저는 쉽지 않다고 봅니다. 한국은 무역으로 부유해졌고, 또 세계적인 인적 교류의 확대와 자유무역 환경 덕분에 선진국의 문턱에 올라섰습니다. 따라서 앞으로도 속도의 가감은 있을지언정 외국인의 유입 흐름은 지속된다고 생각합니다.

두 아들을 키우는 아빠의 입장에서 아이들을 어떻게 해야 이런 시대 흐름 속에서 번영할, 아니 솔직하게 말해 살아남을 수 있는 인재로 키울 수 있을지 고민되는 요즘입니다. 제가 이 책을 쓴 이유도 여기에 있습니다. 한국보다 먼저 변화한 나라의 움직임을 살펴봄으로써 미래를 예측하고, 이에 대비하며 아이들의 교육을 시키면 좋지 않을까 생각한 것이죠. 이 이야기는 '마치며'에서 더 들려 드리기로 하고, 브렉시트 이야기는 여기서 끝을 맺을까 합니다.

마치며

프랑스 여행을 다녀온 후 어떤 점이 달라졌을까?

2016년 프랑스 여행을 다녀온 다음 저희 부자는 큰 변화를 맞이했습니다. 채훈이는 고등학교 1학년생이 되었고, 저는 키움증권에 취직해 이코노미스트 일을 열심히 하고 있죠. 그리고 채훈이와 저는 테니스 강습을 받았습니다.

테니스를 배운 이유는 모나코에서의 경험 때문입니다. 모나코 삼촌과 함께 프랑스의 니스 방향으로 트레킹을 하는데, 경치도 너무 아름다웠지만 작은 소도시의 학교마다 운동하는 학생들로 그득했던 게 기억에 남았던 모양입니다. 그 모습을 보던 채훈이가 "아빠, 저 한국 돌아가면 테니스 배울래요"라고 말하더군요. 그래서 저도 답했습니다. "아빠도 대학 다닐 때는 열심히 테니스 쳤는데 그간 안 쳤네. 채훈이가 테니스 배우면 아빠랑 주말마다 테니스 치자"고 말입니다.

이후 채훈이는 꾸준히 테니스를 배우고 있습니다. 고등학교에서도 테니스 클럽에 들어가서 열심히 하고 있습니다만, 저는 일이 많다는 핑계를 대면서 자주 나가지 못한 것 같습니다. 그렇지만 요즘 저도 도저히 안 되겠다 싶어서 강습을 받고 있으니, 곧 채훈이와 테니스를 재미있게 칠 수 있으리라 기대해 봅니다.

운동에 취미를 붙인 것은 매우 좋은 일입니다만, 부자가 '현업'에서 큰 성과를 냈다고 말하기는 힘드네요. 저는 증권사 이코

| 모나코-니스 트레킹 코스, 출처: 구글 지도

노미스트로 열심히 일하고 있습니다만, 몸무게가 급격히 느는 중입니다. 아무래도 저녁 약속이 많은데다 테니스 레슨 받기 전까지만 해도 운동을 규칙적으로 못한 탓이 큰 것 같습니다. 특히 매일 새벽처럼 출근하면서 아침을 못 먹다 보니 아무래도 점심이나 저녁을 과식한 것도 영향을 미쳤겠죠.

한편 채훈이는 고등학교 진학한 후 방황하는 중입니다. 생각보다 성적도 안 나오고, 미래에 대한 고민이 많은 것 같습니다. 프랑스 여행을 다녀온 이후 '유럽 역사'에 관심을 가지게 되고, 또 역사 게임을 시작해 이제는 저보다 더 유럽 역사에 정통해졌죠. 대신 게임 시간을 통제하는 문제를 놓고 엄마와 꽤 갈등을 겪고 있습니다.

이 대목에서 제가 조금 이야기를 덧붙이자면, 게임은 한국뿐만 아니라 미국 사회에서도 아주 심각한 문제로 부각되고 있습니다. 최근 미국 경기가 호황을 누리는 가운데 이른바 FAANG(페이스북, 아마존, 애플, 넷플릭스, 구글의 알파벳 앞 글자를 따서 만든 조어) 주식이 시가총액 1~5위를 점령하고 있습니다. 그러나 이 좋은 기업에서 필요로 하는 인력은 부족해서 중간 관리자의 연봉이 20만 달러를 상회한다고 합니다. 미국 기업들이 인력 부족에 시달리는 이유는 남학생 중 불과 30%도 대학 졸업장을 따지 못하고 있고, 대학 진학률이 떨어지고 있기 때문입니다.

그럼 왜 남학생들은 대학에 진학하지 못할까요?

최근 미국 경제분석국NBER의 학자들은 "게임과 젊은 남성의 노동시장 참여"라는 제목의 보고서를 통해 미국 남학생들이 게임에 빠져 성적이 떨어지고, 또 성적이 떨어지니 대학을 진학 못하는 악순환에 빠졌다고 지적합니다.

물론 요즘 게임이 너무 재미있기 때문에 벌어진 일이겠죠. 그러나 다른 한편으로는 미래에 대한 희망을 잃어버린 세대가 게임에 빠져들었다고도 볼 수 있을 겁니다. 세계화의 파도가 끝없이 밀려드는 가운데 불평등이 심화되고, 나아가 평생 새로운 기술을 익히고 변화된 환경에 적응해야 한다는 압박감을 '게임'으로 해소하려는 것을 어떻게 보면 이해할 수 있을 것 같습니다.

그렇지만 부모 입장에서 이 추세를 그대로 인정하기는 어렵습니다. 왜냐하면 공부에는 때가 있고, 또 한국을 유럽처럼 살기 좋은 나라로 만들기 위해서는 더 많은 지식이 필요할 것이기 때문입니다. 그래서 요즘은 제가 읽은 논문의 내용을 전달해주면서 채훈이와 대화를 나누려고 애를 쓰는 중입니다. 오늘도 동네 도서관에서 이야기를 나누다 채훈이가 또 한마디하네요.

"아빠는 모든 이야기가 '기승전공'이야!"

여기서 '기승전공'이란 모든 이야기가 항상 '공부하라'는 잔소리로 귀결된다는 이야기죠. 틀린 이야기는 아닙니다만 아빠의 입을 막는 효과는 충분한 한마디인 것 같습니다. 아무튼 저희 부자는 유럽 여행 다녀오고 잘 지내고 있습니다. 앞으로도 이렇게 사이 좋은 부자로 살아갈지는 모르겠습니다만, 유럽 여행 이후 꾸준히 같은 주제로 이야기를 나눈 '경험'이 있으니 앞으로도 잘해 나가리라 기대해 봅니다.

감사의 글

제가 이 책을 쓸 수 있게 도와주신 분들께 감사의 말씀드립니다.

먼저 아들과 둘이 프랑스 여행을 할 수 있도록 허락해준 채훈 엄마에게 감사하다는 말 전하고 싶습니다. 둘째아들 우진이가 보름 내내 '아빠와 형 보고 싶어'라며 울었다는데 다녀와서 참 미안했습니다.

다음으로 티스토리의 고수 나시카http://nasica1.tistory.com/님, 그리고 네이버 블로그를 운영하는 산타크로체http://blog.naver.com/santa_croce 님의 좋은 글이 없었다면 프랑스 대혁명과 유럽 전쟁의 역사 이야기를 풀어낼 수 없었을 것입니다. 두 분께 감사하다는 말씀 전합니다.

명지대학교의 김두얼 교수님과 단국대학교의 심재훈 교수님, 서울대학교의 문정훈 교수님에게도 감사하다는 말씀드리고 싶습니다. 김두얼 교수님은 영국이 어떻게 산업혁명을 일으킬 수 있었는지, 특히 그 이유를 제도학파의 관점에서 설명한 좋은 글을 페이스북에 포스팅한 것은 물론 인용할 수 있도록 허락해주었습니다.

심재훈 교수님은 한 나라의 역사를 살펴봄에 있어서 그 자신의 기록만 살펴볼 것이 아니라, 주변의 기록을 함께 고려하는 '지역사'의 관점을 가져야 한다고 꾸준히 지적해주었습니다. 특히 중국 고대 청동기 관련 각종 자료를 페이스북에 포스팅한 것은 한때 '국수주의적 민족주의' 성향을 지녔던 저의 과거를 돌이켜보는 계기를 제공해주었습니다. 문정훈 교수님은 어떻게 해서 유럽의 식문화가 형성되었는지, 나아가 지역별로 다양한 제품이 생산되는 차별화가 가능했는지 구체적으로 설명해주었습니다. 11장은 문정훈 교수님이 아니었다면 쓸 수 없었을 겁니다.

마지막으로 프랑스에 거주하는 죄(?)로, 저희 부자에게 밥도 사주고 시간도 내준 파리 삼촌과 모나코 삼촌, 그리고 경제개발협력기구 삼촌에게 감사하다는 말씀 전합니다.

2018년 5월 봄날 홍춘욱

주

첫 번째 이야기

1 설혜심, 〈그랜드 투어〉 (웅진지식하우스, 2013) **p33**

두 번째 이야기

2 에드워드 글레이저, 〈도시의 승리〉 (해냄출판사, 2011) **p279-280**

3 김백영 등, 〈도시는 역사다〉 (서해문집, 2011) **p183**

4 주경철, 〈모험과 교류의 문명사〉 (산처럼, 2015) **p24**

5 게르트 기거렌처, 발터 크래머, 토마스 바우어 〈통계의 함정〉 (율리시즈, 2017) **p253**

세 번째 이야기

6 에드워드 글레이저, 〈도시의 승리〉 (해냄, 2011) **p284**

7 김백영 등, 〈도시는 역사다〉 (서해문집, 2011) **p188**

네 번째 이야기

8 박종수 브런치, "플란다스의 개, 그리고 루벤스"
brunch.co.kr/@nplusu/55

9 나시카 블로그, "나폴레옹의 수송 엔진-말 이야기(2010.2.19)"

10 윌리엄 맥닐, 〈전쟁의 세계사〉 (2005년, 이산) **p92**

11 시오노 나나미, 〈바다의 도시 이야기〉 (한길사, 1996) **p261**

12 카를로 치폴라, 〈시계와 문명〉 (미지북스, 2013) **p98**

여섯 번째 이야기

13 에릭 밀란츠, 〈자본주의의 기원과 서양의 발흥〉 (글항아리, 2012) **p70**

14 이영림, 주경철, 최갑수, 〈근대 유럽의 형성〉 (까치, 2011) **p51**

15 로버트 C. 앨런, 〈세계경제사〉 (교유서가, 2017) **p54**

일곱 번째 이야기

16 시오노 나나미, 〈바다의 도시 이야기〉 (한길사, 1996) **p211-212**

17 주경철, 〈모험과 교류의 문명사>(산처럼, 2015) **p192-193**

탐구

18 양정무, 〈난생 처음 한번 공부하는 미술 이야기 4〉 (사회평론, 2017) **p69**

아홉 번째 이야기

19 하름 데 블레이, 〈왜 지금 지리학인가〉 (사회평론, 2015) **p200**

20 콜린 존스, 〈사진과 그림으로 보는 케임브리지 프랑스사〉 (시공사, 2001) **p205**

열 번째 이야기

21 페르낭 브로델, 〈펠리페 2세 시대의 지중해 세계 1〉 (까치, 2017) **p80**

22 차명수, 〈기적과 기아의 기원〉 (해남, 2014) **p196-197**

23 시오노 나나미, 〈로마 멸망 이후의 지중해 세계 상〉 (한길사, 2009) **p227-228**

열한 번째 이야기

24 설혜심, 〈소비의 역사〉 (휴머니스트, 2017) **p174**

25 주경철, 〈모험과 교류의 문명사〉 (산처럼, 2014) **p167-168**

26 크리스토퍼 하버트, 〈메디치가 이야기〉 (생각의나무, 1999) **p173-174**

27 이영숙, 〈식탁 위의 세계사〉 (창비, 2012) **p103**

열두 번째 이야기

28 곤노 하루키, 〈블랙기업 일본을 먹어 치우는 괴물〉 (레디셋고, 2013) **p241-243**

29 폴 오이어, 〈짝 찾기 경제학〉 (청림출판, 2014) **p20-21**

30 폴 오이어, 〈짝 찾기 경제학〉 (청림출판, 2014) **p101-102**

참고도서

게르트 기거렌처, 발터 크래머, 토마스 바우어(2017년, 율리시즈), 〈통계의 함정〉

곤노 하루키(2013년, 레디셋고), 〈블랙기업 일본을 먹어 치우는 괴물〉

김덕진(2008년, 푸른역사), 〈대기근, 조선을 뒤덮다〉

김백영, 박삼현, 박진한, 신규환, 김승욱, 이영석, 민유기, 최호근, 김수환, 박진빈 (2011년, 서해문집), 〈도시는 역사다〉

김영숙(2013년, 휴머니스트), 〈오르세 미술관에서 꼭 봐야 할 그림 100〉

로버트 C. 앨런(2017년, 교유서가), 〈세계경제사〉

로버트 D 카플란(2017년, 미지북스), 〈지리의 복수〉

매리 홀링스워스(2009년, 마로니에북스), 〈세계 미술사의 재발견〉

설혜심(2017년, 휴머니스트), 〈소비의 역사〉

설혜심(2013년, 웅진지식하우스), 〈그랜드 투어〉

시드니 호머, 리처드 실라(2011년, 리딩리더), 〈금리의 역사〉

시오노 나나미(2009년, 한길사), 〈로마 멸망 이후의 지중해 세계 상〉

시오노 나나미(2002년, 한길사), 〈콘스탄티노플 함락〉

시오노 나나미(1996년, 한길사), 〈바다의 도시 이야기〉

심재훈(2016년, 푸른역사), 〈고대 중국에 빠져 한국사를 바라보다〉

양정무(2017년, 사회평론), 〈난생 처음 한번 공부하는 미술 이야기4〉

에드워드 글레이저(2011년, 해냄), 〈도시의 승리〉

에릭 밀란츠(2012년, 글항아리), 〈자본주의의 기원과 서양의 발흥〉

윌리엄 맥닐(2005년, 이산), 〈전쟁의 세계사〉

이언 모리스(2013년, 글항아리), 〈왜 서양이 지배하는가?〉

이영숙(창비, 2012년), 〈식탁 위의 세계사〉

주경철(2017년, 21세기북스), 〈그해, 역사가 바뀌다〉

주경철(2015년, 산처럼), 〈모험과 교류의 문명사〉

주경철, 이영림, 최갑수(2011년, 까치), 〈근대 유럽의 형성〉

주경철(2009년, 산처럼), 〈문명과 바다〉

주경철(2008년, 서울대학출판부), 〈대항해시대〉

차명수(2014년, 해남), 〈기적과 기아의 기원〉

찰스 P. 킨들버거(2006년, 굿모닝북스), 〈광기, 패닉, 붕괴-금융위기의 역사〉

카를로 마리아 치폴라(2013년, 미지북스), 〈시계와 문명〉

카를로 마리아 치폴라(2010년, 미지북스), 〈대포 범선 제국〉

콜린 존스(2001년, 시공사), 〈사진과 그림으로 보는 케임브리지 프랑스사〉

크리스토퍼 하버트(1999년, 생각의 나무), 〈메디치가 이야기〉

티모시 브룩(2014년, 너머북스), 〈하버드 중국사 원·명〉

파트릭 데 링크(2006년, 마로니에북스), 〈세계 명화 속 숨은 그림 읽기〉

페르낭 브로델(2017년, 까치), 〈펠리페 2세 시대의 지중해 세계 1〉

폴 오이어(2014년, 청림출판), 〈짝 찾기 경제학〉

하름 데 블레이(2015년, 사회평론), 〈왜 지금 지리학인가〉

황쭝즈(2016년, 진인진), 〈중국의 감춰진 농업혁명〉

홍춘욱(2017년, 에프앤미디어), 〈인구와 투자의 미래〉

후세 히데토(2016년, 재승출판), 〈파리 미술관에서 아름다움을 보다〉

참고자료

MAHRU AIPS, “중세고딕 건축”

MAHRU AIPS, “중세 로마네스크 건축”

알고가자GO, “노트르담 대성당 - 고딕건축의 백미”

단국대학교 사학과 심재훈 교수님 페이스북

명지대학교 경제학과 김두얼 교수님 페이스북

고든님 블로그 (blog.naver.com/jjy0501/220128475882)

(blog.naver.com/jjy0501/100167755850)

나시카님 블로그 “나폴레옹의 수송 엔진-말 이야기”

(blog.daum.net/nasica/6862371)

만쭈리님 블로그 (blog.naver.com/alsn76/40197804625)

옐로우님 블로그 (yellow.kr/blog/?p=939)

박종수님 브런치 “플란다스의 개, 그리고 루벤스”

(brunch.co.kr/@nplusu/55)

과학동아(2001년 11월호), “하늘과 만나는 지혜의 경계면 지붕

-판테온 반구형 돔에 장치된 눈 속임수”

굿뉴스 데일리(2017.3.31), “도시를 깨끗하게 해주는 파리 하수도 박물관”

동아비즈니스리뷰(2017년 1월호), “소비자들 값싼 닭만 찾지 않아.
세분화된 품종으로 취향 저격”

DBR(2017년 1월호), “소비자들 값싼 닭만 찾지 않아, 식탁 위의 세계사”

로이터(2014.3.21), “Crown of Thorns relic paraded from Notre Dame to
Sainte Chapelle in Paris”

매일경제신문(2018.5.22), “밥 먹듯 야근, 프로젝트 땐 주70시간…불 꺼지지
않는 구글·애플의 힘”

부산일보(2011.6.2), “정크 선과 정화가 타고나간 배”

슬로우 뉴스(2016.1.27), “산티아고 순례길의 모든 것: 1. 까미노의 세 가지 매력”

위키 - https://en.wikipedia.org/wiki/Pastoral_Concert

위키 - https://ko.wikipedia.org/wiki/%EC%A1%B4_%EB%A1%9C
Wikitree(2014.8.24), “프랑스의 부르카 금지법을 둘러싼 인권 논란”

제로헷지(2013.6.19), “500 Years Of (Mostly Rising) Energy Prices”

조선비즈(2016.10.31), “[김순응의 미술 아카데미] 후원자는 화가의 상사,

미켈란젤로도 메디치 가문에 괴롭힘 당했다"
조선비즈(2010.10.10.) "[채권ABC] 영구채(Perpetual Bond)"
조선일보(2017.2.22.), "한국이 헬조선? 여행 나가보면 안다"
조선일보(2015.8.19), "한국인들은 왜 산티아고(Santiago) 순례길에 열광하는가?"
TV5MONDE(2014.3.10), "레스토랑 가이드의 효시, 미슐랭 가이드의 기원"
FOODICON(2018.1.26), "[2018 식품트렌드 톱9] 1. 소비 다양성 증가:
까다롭게 먹기 시작한 기호식품, 그 증거와 새로운 징후"
Healthlog(2014.1.21), "말라리아, 처음부터 열대질환은 아니었다?"
허핑턴포스트(2017.2.1), "오스트리아가 부르카와 니캅 등 전신 베일 착용을
금지한다"
Douglass C. North and Barry R. Weingast, "Constitutions and Commitment: The Evolution of Institutions Governing Public Choice in Seventeenth-Century England", The Journal of Economic History Vol. 49, No. 4 (Dec, 1989), pp. 803-832.
George Akerlof(1970), "The Market for Lemons: Quality Uncertainty and

the Market Mechanism", Quarterly Journal of Economics.

Lisa B. Kahn(2009), "The long-term labor market consequences of graduating from college in a bad economy", Labour Economics.

Michael Spence(1973), "Job Market Signaling", Quarterly Journal of Economics.

Vaclav Smil(1993), "China's Environmental Crisis: An Inquiry Into the Limits of National Development"

Architectures of Middle-Earth(2014.8.21), "The King's Hall of Minas Tirith and the Romanesque Basilicas"

NewYork Times(2017.5.7), "How France Voted"

The Guardian(2010.2.9), "Hockey stick graph took pride of place in IPCC report, despite doubts"

The Economist(Jun 30th 2016), "Brexitland versus Londonia - Britain increasingly looks like two countries, divided over globalization"

Christoph Lakner and Branko Milanoviche(2015),

"Global Income Distribution: From the Fall of the Berlin Wall to the Great Recession", THE WORLD BANK ECONOMIC REVIEW, pp. 1–30.

www.wage.go.kr/wagetype/wagetypeView.jsp

Mark Aguiar, Mark Bils, Kerwin Kofi Charles, Erik Hurst(2017), "Leisure Luxuries and the Labor Supply of Young Men", NBER Working Paper No. 23552.

잡학다식한 경제학자의
프랑스 탐방기

1판 1쇄 발행 2018년 6월 20일
1판 3쇄 발행 2019년 10월 31일

지은이 | 홍춘욱
펴낸이 | 이동희
발행인 | (주)에이지이십일
일러스트 | 김로사

출판등록 | 제2010-000249호(2004. 1. 20)
주소 | 서울시 마포구 성미산로 1길 5 202호 (03971)
전화 | 02-6933-6500, 팩스 | 02-6933-6505
홈페이지 | www.eiji21.com
이메일 | book@eiji21.com
ISBN | 978-89-98342-418 (03300)